ただしい暮らし、なんてなかった。

大平一枝

平凡社

ただしい暮らし、なんてなかった。

十年前は想像していなかったいまの自分

先日、社会人二年目の新聞記者を取材した。信条を尋ねると、彼はひょうひょうとした風情で即答した。

「変わることを変えない、です」。

体のどこかがびくんと波打ち、新しい言葉がじわじわ沁みてきた。

変化を「いとわない」「恐れない」とは違い、「変えない」にはもっと強い意志が感じられる。

それをかろやかに放った彼の若さをうらやましく思ったが、いや待てよと立ち止まった。

五十代半ばになり、いつまでもいると思っていた息子は大学卒業後あっという間に結婚。

大学四年の娘は卒業制作とバイトで私や夫より忙しい。

夫婦互いにフリーランスの自営業で、遅くなる日は前もってスケジュールをすり合わせ、家事と育児を交代しあった日もいまは昔。夜も自由に予定を入れられるようになった。ときの経過、家族の成長とともに暮らし方が変わった。同時に価値観も。

こうして〝変わることを変えない〟に、年齢など関係ないなと気づいたのである。

いっぽう、歳を重ねるほどこうあるべきという思い込みは強くなり、頑固になりつつあるのを自覚している。同年代で、かつて憧れるほどしなやかな考え方をしていた人が、おやと思うほど頑なになっていて、とまどうことも少なからずある。自分とて、人から見たらきっとそうだろう。

だからこそ私も、と心が震えたのかもしれない。変わることを変えないでいようと。

日々は小さな選択の連続だ。自分がいいと決め込んでいたものが、歳を重ねるにつれ暮らしのサイズやリズムに合わなくなることがたくさんある。

ふたつ例を挙げたい。

私には作りおき料理が合わなかった。便利で、家事の時短にもなり、品数が増え栄養バランスも良くなるメリットだらけの習慣だと思うが、自分の飽きやすいという短所を忘れていた。意気込んで保存容器や料理本をたくさん買って、見事に無駄にしてしまった。今日の食べたい気分を、きのうの自分に決められたくないのである。冷蔵庫に並んだスープやマリネから、「食べきらなければ」という圧を感じ、食事が楽しくなくなりかけた。だからやめた。我が子が小さく、猫の手も借りたいほど忙しいころは助かったろうが、いまの私には合わない。

価値観は変わる。

人がいいといったものが自分の生活にフィットするとは限らない。手作りおやつも、梅ジュースの残りの実で作った梅ジャムも、敬愛する料理家推奨の鉄のフライパンも、重曹掃除もうまいこと習慣にできなかった。いま、使わなくなったガラス瓶や保存容器の山を見るたび実感する。正しい暮らしなんてないんだな――。

もうひとつは、人付き合いをもうそんなに頑張らなくてもいいということだ。もっというと、誰からもいい人と思われたい願望を適当に手放したい。誰とでも仲良く、付き合いよく、たくさん知り合いがいることはいいことだと思ってきたが、ある年齢を過ぎると、必ずしもそうではないなとわかってくる。人は多様で多面的な存在だ。全部わかろうとすることに無理があり、理解されよう、ましては好きでいてもらおうと願うことこそエゴだといまは思っている。

本書は、二〇一一年に上梓した『もう、ビニール傘は買わない。』（平凡社）の十年後、実際のところなにが変わり、なにが変わらなかったかという編集者の問いかけから始まった。時間の捉え方、モノの持ち方、人付き合い、自分の養生のしかた、働き方。振り返ってみると、家族というものを持った二十数年前から、たくさんの失敗を重ねながら十年くらい単位で暮らしの基軸になる価値観が大きく変化しているとわかった。

あのころ、もう少しこうしていたら楽だったのに。これは必要なかったな。こうわかっていたら、傷つけずにすんだのに……。悔やむことばかりでちょっとせつなくなる。

総じて実感するのは〝もっと肩の力を抜いていたらよかったのにな〟ということだ。三十代、四十代の私はよくいえば頑張りが過剰だった。悪くいうと欲張りすぎた。

トライアンドエラーの末につかんだ暮らしのヒントが、いまのあなたを少し楽にするきっかけになったら、私の抱いたせつなさも少し報われそうだ。
みんな、生きている途中だ。自分にフィットする暮らしのありようを求めて石のように
どんどん転がっていけばいいと思う。変わることをとめずに。

目次

二章　買う、選ぶ、手放す。モノと付き合う　四九

三章　人付き合いの快適な距離と温度　九五

写真＝安部まゆみ
装幀＝佐々木暁

一章　待つほうが案外うまくいく

時短、便利、早い、かんたんという言葉を追いかけながら暮らしてきた。
でも歳を重ねたいま気づく。
待つだけでも、うまくいくことは多い——。

絡まっていた糸

スマホの携帯番号宛てに「元気？　住所教えて」と一行、ショートメールが来た。私のアドレスやＬＩＮＥのＩＤを知らない人らしい。こちらにも番号登録がないので差出人がわからず、いたずらかと訝《いぶか》しく思った。

「失礼ですが、どなたでしょうか？」

「ごめん！　Ｈだよ。マスクをいっぱい作ったからよかったら送ろうと思って」

小中学校時代の親友だ。

彼女は地元長野で保育士をしている。私は父の転勤が多く、彼女と暮らした町には五年しかいなかった。だが妙に馬が合い、その後も付き合いが続いて帰省するたびに落ち合った。結婚後もしばらくは東京と長野、互いの家の行き来があった。

しかし、彼女は三人の母となり、義父母と同居しながら仕事を続け、私も出産と同時にフリーになった三十代半ばから会うのがままならなくなった。

女の三十代は故郷の友とどうしても疎遠になりがちだ。小さな子どもを抱えて会いに行く足がなく（私は運転免許を持っていない）、相手も育児と仕事に忙しいなか同居生活で客を受け入れる余裕がない。唯一つながっていた年賀状も、彼女から喪中はがきをもらった翌年私が転居したあたりから途絶えた。相次いで親族を亡くし元気がない、地元の集まりにも来なくなったと聞き、線香をあげに行きたいと電話をしたが「その気持ちだけで十分」と静かに断られた。話したのはそれが最後だ。

これ以上追うまい。子育てが一段落したらまた会えるさ。そう言い聞かせ、日々は流れた。

前述のメールが届いたのは、十五年ほど経った二〇二〇年四月。コロナ禍でマスクが手に入らず、家族全員弱り果てていた矢先だった。

メールのラリーが続く。「きっと困ってるんじゃないかなと思って」。昔から裁縫や美術が得意で、器用でセンスがよかった。家庭科の宿題はどれだけ手伝ってもらったかわからない。パジャマの課題などほとんど彼女が縫ってくれた。次々よみがえる記憶を綴った。

「よく覚えてるね」と笑顔の絵文字が返ってきた。

アドレスと住所を教え合い、ゆっくり交流が始まる。

三日後届いた包みには、大小の手作りマスクがぎっしり。かわいい花柄と、ネイビーやデニムのメンズ風がある。

「旦那さんや息子さんやお嫁さんにあげてね」

メモが入っていた。家族全員分を縫ってくれたのだった。礼を言うと「趣味でたくさん作ってるから」とこちらに気を使わせない彼女らしい返事が。そうそう、こういう温かい言い方をする人だった。毎日三十分の道を一時間かけてゲラゲラ笑いながら帰ったあのころに気持ちが一挙に戻った。

まさか十五年もかかるとは思わなかったが切れかけた糸は、ちゃんと縒《よ》りが戻った。

人間関係が難しくなったとき、つい元通りにしたい、あのころの無垢な状態に戻したいとあがきがちだ。でも、人の心にはそれぞれ波がある。いまは考えられない、それどころじゃないという時期が誰にでもある。彼女に対して私がしたのは待ったことだけだ。

私がそうであったようにHの心の隅にも十五年間私が小さく存在していたとしたら、あるいはずっといなくても、東京と聞いて私が「困っているだろうから」と思い出してくれたのなら、それだけでもとびあがるほど嬉しい。

そのマスクは一年半後のいまも家族全員でフル活用している。息子の新居に行ったらきれいに洗って干してあり、「毎日乾いた端から通勤に使っている」とのことだった。

ある日、自分のマスク姿を撮ってHにメールした。彼女の返信は、

「おーだいら、それ夫さん用に作ったやつ」

どうりで大きいわけだ。爆笑の絵文字が長野に飛んだ。

かつて　誰からも好かれていたい。いい人と思われたい。誤解があったらすぐ解きたいともがいた。
人間関係に一点でも曇りがあると気になって焦った。
いま　こじれたものは、待つほうがうまくいく。

時短料理、便利家電によって浮いた時間で私はなにをしてきたんだろう

絶対に弱火でしか調理をしないという男性に会った。無類の料理好きで夕食はもちろん、共働きの妻の弁当も毎日作るという。仕事は飲食店のプロデュースだ。つねに原価や効率の制約を考える生業《なりわい》なので、プライベートではだしやスパイスを自在に使い、時間を気にしたくない。弱火料理は彼にとって、自分のバランスを取るのに不可欠なものらしい。

きっかけは十年前、仕事の流れでなにげなく買った鋳物の鍋、ル・クルーゼだ。

「この鍋が強火を推奨されていなかったのです。中火以下で始めて、弱火で調整せよと。半信半疑でやってみたら、なんでもおいしく仕上がるので気に入って一個ずつ増えていきました。以来、ずっと弱火なんです」

油にスパイスの香りを移しながらじっくり熱すれば、あとは素材を焼いたり煮込んだり

するだけ。「なにか足さなくても、塩胡椒だけで十分おいしいですよ」と、彼は言う。コンロ前には四十種以上のスパイスが並んでいた。

和食は、出汁《だし》を濃いめにとる。

「昔、板さんから、〝困ったらとりあえず昆布出汁は二倍とれ。三倍でもいい。それだけでなんでも旨くなる〟と聞いて。出汁さえ旨けりゃ、あとは時間と素材がおいしくしてくれます」

貧乏性の私は昆布や鰹節を倍量使う勇気がないし、じっくりコトコトも毎日は無理だ。本当に料理が好きなんだなあと感じ入っていると、彼がポツリとつぶやいた。

「時短料理ってよく聞くけど、みんな余った時間でなにしてるのかな」

どきりとした。

本来長く煮込むはずのシチューやカレーが、圧力鍋だと十五分でできる。野菜カッターも、袋の上から揉み込んであとは焼くだけ、茹でるだけという楽ちん料理も、いろいろやってきたけれど、それによって生まれた時間で、私はなにをしていたっけ。スマホにテレビに仕事のメールチェックに……。あれれ。

彼は煮込んだりローストしたりする間、なにをしているんだろうか。

「鍋の前で小さい木の椅子に座って、旨い香りがたちのぼるなかタバコを吸いながらいろいろ考えます。一日を整理する感じかな。今日はスタッフにあんな言い方しなきゃよかったなって反省したり、次の仕事のアイデアが浮かんだり。ゆっくり作るって、僕はそんなに大変じゃないです。むしろここに座らないと落ち着かないっていうか。欠かせない時間です」

私は、どこで一日を振り返ったり、自分を整えたりしているだろう。かつては風呂場が読書と考え事の場所だったが、スマホの防水機能が上がったのをいいことに、いまは持ち込むことも多い。

結局、さまざまな便利な道具や楽ちんレシピによって浮いた時間、スマホやパソコンを覗いて、新しい情報をさらに詰め込もうとしているだけではなかったか——。

だからといって、彼のように弱火料理はできなさそうだ。でもせめて、とてつもなく便利で時短になるような道具を買うのだけはもうやめよう、というところにはたどり着いた。便利な道具によって生まれた時間だって意識して使わないと、あっという間に指の隙間からこぼれ落ちてしまう。私には彼の一日の整理のように上手に使える自信がまだない。結婚以来二十数年、かっこいいフードプロセッサーに憧れてきたが、置く場所がないという理由で諦めていた。たまにやる味噌作りの豆を潰すのにも便利そうだし、ポタージュがすぐできる。だが買うのはまだやめておこう。壊れてしまった圧力鍋も新調すまい。次々登場する素敵な家電は時々遠くから眺めるくらいにしておきたい。

もしいま、とても欲しい便利な家電があってとても高価だとしたら、ちょっとだけ自問自答するといい。浮いた時間でなにをする？　十年後も使っている？

――かつて　圧力鍋、パン焼き機、ジューサー、低温調理器、床拭きロボットクリーナー、コードレスクリーナーを一定の時期、使い倒した。

――いま　かつてほど便利な家電を使わなくなった。深夜、すりこぎで茹でた大豆を潰して、一年分の味噌を作る時間も、苦ではないというときが必ずくる。

点滅する信号が教えてくれたこと

交差点にさしかかると、青色の信号が点滅を始めた。私は駆け出した。横にいた親子連れの母親は、穏やかな表情で、「待とうね」と三歳くらいの男の子を制していた。どこにでもある光景だ。

その瞬間、駆け出したいときに駆け出せる自由のありがたさを思った。

私もかつて、弱くて小さな存在のために、なにもかもを優先していた期間があった。自分の欲望を抑えるのは別に辛いことではない。親なら誰もがそうであるし、さっきの母親もなんの苦痛もないだろう。

しかし、守り育てた存在が巣立とうとしているいま振り返ると、小さい人とふたりきりの時間を孤独に思う瞬間が確実にあった。子煩悩で家事や育児をイーブンにやる夫がいても、昼間の、あるいっとき。あるいは、ひとりで風呂に入れて夕食から寝かしつけをするとき。締め切りがあるのにぐずって寝てくれないとき。ごく稀《まれ》に、どうにもやりきれなくなる時の間があった。

見たいときにテレビを見て、好きなときに寝たい。急いでいたら走りたい。バッグひとつで身軽に行動したい。

子どもは命にかえても愛しい存在であることに変わりない。そんな自分でも、母になりたてのころは孤独や不安、とまどった日々があったことを、点滅信号を待つ親子を見るまで忘れていた。

あっという間に子どもは大きくなるとか、いまを楽しんでという言葉を、二十四時間休みなしの育児の渦中にいると、糧にしきれないときがある。

私はせめて、頑張りきれず折れかけたときがあったことを覚えておきたい。

コロナ禍で、密室の育児が辛いと語る何人かの仕事仲間や取材相手に会った。

自分がなにをできるわけでもないが、気持ちだけは寄り添える人間でありたい。あらゆる立場・年代のひとりでも多くの人が、他者への想像力をふくらませることができたら、世の中は少し変わるのではないか。

二子玉川駅前交差点。点滅する青信号が教えてくれた。

――

かつて　子育ての渦中にいると、あるいっとき、どうにもやりきれなくなるときがある。「楽しんで」という言葉も素直に受け止められなかった。

――

いま　そんな日々があったこと、折れそうになった気持ちを覚えておきたい。

眠れても眠れなくても

四十代後半から突然眠れなくなった。厚生労働省や日本産科婦人科学会のサイトでは、更年期障害の主な症状のひとつに〝不眠〟が挙げられている。

悩み事がなくても生理的に眠れないのだが、やっかいなのは些細なネガ思考がどんどんふくらむときだ。こういう性格ではなかったのだがなあと不安になる。試行錯誤を重ねた末、いまはこう思うことにしている。

「考えたって考えなくたって、どうせ昨日と同じ朝が来る。だったらなにも考えずに過ごしたほうが得だ」。

だいたい朝は、今日も明日も同じ朝だ。

同じだから安心したり、落ち着いたり快適だったりする。

また、ひと晩寝たからといって急に悩みが晴れたりはしない。にもかかわらず、悩んだ末の朝はどんより心が重いし、眠りが浅くて体もリフレッシュしきれていない。それから、少なくとも私の場合は、夜考えるとたいてい内向きで、ネガティブなほうに転んでよけいに悩みが深まる傾向にある。

つまり、夜の悩み事は時間をさいても、いいことがないのである。生きていればいろいろあるが、同じひと晩なら、楽しいほうがいい。

いったん悩みを棚上げしたら、脳が空っぽになってリラックスするような空想をする。たとえば私なら、夢の家の間取りとか、痩せたらどんな服を着ようとか。深く重く考え込むのがバカバカしくなるような、できるだけ脳天気で明るい妄想をする。

少し前、同業の友達が体調を崩して通院した。

不安にかられ悶々としている様子の彼女と、夜中にLINEを交わしながら、「悩んでも悩まなくても、朝が来る。どうせ同じ朝ならいまだけ考えることをやめよ?」と書いた。

しばらくしてから、「あれがいちばんストンと胸に落ちた」と言われた。

私たちは小さなころから、問題はできるだけ早く正しく解決することがよいと教えられてきた。しかし大人になると、そう簡単に解決しない問題のほうがずっと多くなる。それはきっと、自分の意志ではどうにもならない存在、たとえば人間や社会や自然が相手になるからだ。

自分でコントロールできそうにないことを、夜中にまで考えなくていい。陽の高いうちにうんと悩んで、せめてまぶたを閉じる夜くらいは、とんちんかんな夢みたいなことを思い浮かべて、心の荷物を軽くしよう。悩み事に心身を占領されないようにしよう。

そう考え始めたころから、悩みを途中放棄したり、いったん棚上げして先延ばしにしたりするのを、悪いことだと思わないようになった。

問題を先送りして、ひと晩なんとか眠りにつけるのなら、いいじゃないか。

明日もまた同じ朝が来るのだから。

かつて　問題はできるだけ早く正しく解決することがよいと信じていた。

いま　できるだけ夜は悩みを途中放棄、いったん棚上げする。体を休めるべき夜まで悩みの時間に充てると、心身にてきめんに支障が出る。

出掛けに探すネックレス

他人は、短所をどんな瞬間に自覚するのであろうか。思うようにいかなかったり、誰かとぶつかったり、失敗をしたり、他者に指摘されて気づくのだろうか。

私は三〜四日に一度、ずぼらという短所を自覚する。タイミングは決まっている。出かける数分前。チェーンが絡み合ってほどけなくなったネックレスにいつもイライラ、最後は絡まったまま投げ出し、ネックレスなしで出かける。

歩きながら自分に怒っている。なんてずぼらなんだろう。時間があるときに、ほどいておけばいい。そもそも、絡まらないようにそっと外して収納すればいいのだ。そのためにアクセサリー収納用の大きなポケットハンガーも買ったではないか。収納アドバイザーが使っているのを見てこれは便利だ、ずぼらな私でもきちんと整理できるとひと目惚れし、意気揚々と小さなポケットやネックレスフックがたくさんついたハンガーをネットで注文した。その結果がこのありさまだ。プロと同じグッズをしつらえても、いつも外出数分前に、毎回絡まったネックレスと格闘して、約束の時間に遅れそうになり、慌てておしゃれを諦めて家を飛び出す。これを少なくとも二十年以上繰り返している。

上機嫌で酔っ払って帰宅すると、ネックレスなど無意識のまま外してそのへんに置き、今日あったことを家族にわあわあ話し出すか、メイクを落としたか否か記憶も曖昧に寝床に倒れ込む。つまり帰宅した時点で、自分のだらしなさにイライラした出掛けのできごとなどきれいさっぱり忘れてしまうのだ。そのとき、アクセ用ハンガーに吊るせば、絡まることはないのに、である。

ネックレスを諦めて、首もとを寂しく感じながら、早足で駅に向かうとき、「あー、いつも私の人生こんなだ」と自己嫌悪に陥る。ずぼらで、準備不足の出たとこ勝負で、喉もと過ぎれば熱さ忘れる、の典型。

それなのに、どうして直らないんだろうとくよくよする最後、儀式のように思い出す人がいる。大好きな『若草物語』に出てくる次女ジョーだ。

アメリカのピューリタンの四姉妹の話で、私は、自分勝手で短気で頑固な物書き志望のジョーに肩入れして読んだ。たしか、そのジョーが、穏やかな性格になった人生の中盤で、我が身を振り返って言うのだ。

「性格は努力すれば変えられる。私は四十年かけて、自分の短気やわがままを変えたの」。正確な文言は忘れたが、そういう内容だった。変えよう、良い性格になろうという気持ちさえ持ち続けたら、人は何歳からでも自分を変えられる。私はそう解釈した。

いつのころからか、自己嫌悪に陥ったときは、「ジョーのようにいつか変われる」と呪文のように唱えるようになった。

それで安心したきり努力しないので、絡まったネックレスは繰り返されるんだろうか。

うーん。

かつて　自己否定、自己嫌悪の海に溺れるとなかなか這い上がれなかった。

いま　自己嫌悪に陥っても、自分をなだめ救い上げる方法を知っているので楽。性格は四十年かけて直せると信じている。

唐揚げをとびきりおいしくするコツ

かつて料理家のケンタロウさんの取材で聞いた、唐揚げをとびきりおいしくするコツが忘れられない。

料理家に取材をする機会が少なくないが、なぜとりわけ彼の言葉を印象深く覚えているかというと、唐揚げはちょっとしたハレの日にいちばんよく作る親しみ深いメニューだからだ。

運動会には必ず。試験など子どもに頑張ってほしい日のお弁当にもよく作る。家族の誕生日や、子どもの友達が遊びに来たときも、まず唐揚げが頭に浮かぶ。社会人になった息子が恋人と遊びに来た先日も、リクエストを聞くと「唐揚げ」と言うので笑ってしまった。

困ったら唐揚げ。

みんなが集まると唐揚げ。

おとなも子どもも唐揚げ。

シンプルな材料で、嫌いな人がいない。えいやっと思い切って油をたっぷり使う手間が、ありがたさを底上げしてくれる便利な料理だ。

ケンタロウさん伝授のコツはふたつ。

「いくぶん小さめに切る」。

「油に沈ませたら箸でつつかず、じっと待つこと」。

小さめに切ると火の通りが早く、弱火でこんがり浮いてきたら初めて裏返す。触るのはその一回だけだ。

じっくり揚げると、表面がカリッとまことに香ばしく仕上がる。

じつはこれ、つつかずに待つ、というのが案外難しい。

「わりとみなさん、気になって裏返したり、箸でつついたりしちゃうんですよね」という彼の言葉どおり、たしかに無意識のうちについ、あれこれ触っては揚がり具合を知りたくなるのだ。

「触りたくなるところだけどじっと我慢して、あとは肉と火に任せて。きつね色になるまでじーっとなにもせず見守ってくださいね」と、彼は言った。

以来、掟を守っている。

揚げるとき、「ケンタロウさんがね、」と必ず言うので、子どもや夫からは「それ聞き飽きた」と嫌がられる。

ケンタロウさんはその後怪我をされて、私はお会いしていない。だがあのときの、ちょっぴり誇らしげで、試食したときのスタッフの感嘆に、ほらねと少年のように心の底から嬉しそうに笑った横顔は鮮明に覚えている。

それから私は失敗知らずになった（いつも油を吸いすぎてじめっとしたり、生焼けだったり失敗が多かったのである）。特別な材料や下ごしらえではなく、こんなに簡単で間違いなくおいしくなるコツを知っているなんて、やっぱりケンタロウさんは天才料理家だと作るたびに思う。

ところで、唐揚げで育った子らが大きくなったいま、気づくことがある。つつかずにじっと待つって、子育てと同じだな。だがしかし、こちらは人間相手。待つだけとはひどく難しく、唐揚げのようにはいかないんである。

――かつて　揚がり具合が気になって、つついてしまう。
――いま　じっと揚がるのを「忍」の一字で待つ。それだけで最高においしくなると経験から知っているので焦らずにすむ。

二〇二一年四月一日の夕餉

どれだけ好きなんだと思われそうだが、唐揚げから始まる話アゲイン。

アメリカ同時多発テロ、東日本大震災を経て、もうこれほど歴史の教科書に載るような辛く大きな出来事は起きないだろうと思っていたが、映画製作業の夫と大学生の娘の三人で呑気に暮らすなか、得体の知れないウイルスによって、突然暮らしが一変した。本当に突然、〝一日〟で。

二〇二〇年三月最終週はたまたま大きな締め切りが重なり半徹夜の連続で、食事もままならないどころか、家で仕事をしているのにトイレに立つ間もなかった。三月三十日の都知事の「カラオケやナイトクラブの出入りは控えてほしい」という会見は、仕事をしながらスマホで聴いた。

四月一日水曜日の朝、排尿の調子が悪く通院。過労による膀胱炎だった。

同日昼、四月に予定していた取材をコロナ禍のため延期するという連絡が、立て続けに三社から入る。当時はまだ、これほど世界中を巻き込む長期のパンデミックに拡大するとは予想していなかった。

三月末まで毎日、〝午前・午後・夜〟と三部制で書くものを割り当てていたが、突然スケジュールがぽっかりと空き、雨天などで一日だけロケ休止とは違い、明日もあさっても仕事再開の目処《めど》がつかない。こんなことは初めてである。手持ち無沙汰の私は夕方には仕事部屋の電源を落とし、台所へ入った。

よし、手がかかるから平日には絶対やらない唐揚げを大皿いっぱい作ろう。ケンタロウさん（前項）のコツを守り、ジリジリと弱火でじっくり揚がるのを待ちながら、ネギと甘酢のたれも用意することにした。いつもなら休日でさえ面倒なので唐揚げに濃いめの下味をつけるだけで、たれは作らない。机上で菓子パンをかじっていた先日までの四日間とは全く違う、別世界の時間が流れ始めた。

この日、映画製作作業の夫にも大きな変化があった。「俺の仕事はコロナなんて言ってられない」とうそぶき、娘と私がどんなに言っても平然と密室での衣装打ち合わせに出かけた彼が、夕方早々に帰ってきた。

前日、俳優が感染したことにより、周囲の意識がガラリと変わったのだ。「できれば打ち合わせは控えたい」と、スタッフにも言われたらしい。

唐揚げを並べ、大学の春休み延長が果てしなく続く娘と三人で、本当に久しぶりの夕食を囲んだ。元気なころの志村けんさんが走り回るドリフを見ながら、ゆっくりと夜が更けていった。

その日はたしかに、ずっと駆け足だったここ十年ほどの私の日々の分水嶺になった。

最大の変化は、先述の通り〝悩みを棚上げ法〟など試行錯誤しながらなんとかやり過ごしてきた不眠症が、四月一日からピタリと治ったことである。

それどころか気づいたら朝までぐっすり眠っていた。本当にピタリと、三本の取材が飛んだあの日から。

考えられる要因は三つある。

一、外飲みがなくなり、適正な酒量になった

二、パソコン、携帯電話から解放された（ＳＮＳを見すぎてコロナ情報疲れを実感。スマホを寝室に持ち込むのをやめた）

三、取材が延期になり、締め切りから解放された

バカバカしいようだが試しに、家で深酒をしてみた。それでもすんなり眠れた。つまり、要因は二と三になる。取材を伴わない執筆仕事は変わらずあるが、それでも時間の隙間ができたことで追い詰められた気持ちからは大きく解放された。

じつは正確に書くとその後二度、眠れない夜を経験した。一度は胃腸を壊した日。コロナかとスマホで検索しまくっていたら不安が募り、朝六時までまんじりともしなかった。二度目は家の売却でやきもきしていた日。欲しい家を先に契約してしまい、現在の住まいの買い手が決まらない間、毎日朝まで眠れなかった。金の心配が不眠に直結とはわかりやすいものだ。

少しでも不安の影がさしたときに眠れなくなる経験を経て、私の脳はここまで私の心に支配されていたのかと驚いた。頑健なつもりでいたが、若さややる気で解決できない年齢になると、心の悲鳴が体に出やすくなるのだと知った。

溢れる情報、根拠のない不安、もっともっとと欲張り請われるがままに増やし続ける仕事、隙間なく入れる予定、そして寝る直前まで興奮している私の脳。

コロナのような大きな出来事がないと、許容量のズレに気づけないとは皮肉だ。闇の到来を憂鬱に思わなくてすむ日々に感謝しながら、しみじみと来し方を振り返った。私の毎日はじつに過剰だった。

遅い、足りない、わかっていない。こうすべきだ、ああしたらいい。それぞれが希望のために知恵を絞り、そのたびに賛否が論じられる。誰もが見えない敵にとまどうばかりで、私はニュースやSNSを見るのが徐々に苦しくなり始めた。

そんななか、ある女優さんの『教訓1』という弾き語りが流れた。命を大事にせよ、流されるなというまっすぐな歌詞と透き通った歌声に、手を止め思わず聴き入った。心のなかを、凜としたすがすがしい風が吹き抜ける。まだ小さなお子さんがいる彼女が、たったひとり自宅で、自分ができることに精いっぱいとりくんでいる姿に胸を打たれた。

別の日、オンラインの打ち合わせで編集者から、長田《おさだ》弘という詩人の話を聞いた。読み上げられた一節に心が震え、一冊また一冊と買ってはいまも読み続けている。長田弘は繰り返しただひたすら、ささやかななんでもない日常こそ奇跡であると書いている。
妻との死別や、福島第一原発事故で故郷の変わり果てる様を知っている彼は、インタビュー番組で、[*1]「悲しいという事実を受け止めることが自分を確かにしてくれることもある。悲しみに持ちこたえられる人間であるということが大事で、悲しみは人を励ます」と語る。

一体、ニュースとよばれる日々の破片が、
わたしたちの歴史というようなものだろうか。
あざやかな毎日こそ、わたしたちの価値だ。

（「世界はうつくしいと」[*2]より）

私は、コロナ前にあった平凡きわまりない一日の尊さを思った。同時にコロナによって、大切な人のためにすべき行動のやりきれない孤独とせつなさを知った。
音楽、演劇、映画、絵画……。芸術は厳しい状況に追い込まれたが、人の〝心〟にダイレクトに働きかけ、癒やし、励ますものもまた、金でも政策でもなくアートなんだなあと肌感覚で痛感した。

女優さんの歌や長田弘の詩のほかにも、コロナ禍で私はたくさんの音や言葉や創造物に励まされ、奮い立たせられた。それらは、日々のなかに埋もれがちなたくさんの奇跡に感謝することが明日を変える力になると、信じさせてくれる。

休みが続き、学費が気になる娘の大学のホームページに掲げられた「在学生の君たちへ」[*3]という文章に、「紙一枚、鉛筆一本あれば作品は作れる。（中略）『今』を精一杯生きよ。自らの命を守れ。愛する人の命を守れ。そして生きるための想像力をしぼり出せ。これが新学期を迎えた君たち全員に対する第一番目の課題である」、という一文があった。

私の課題は、平凡で奇跡のように尊い明日のために、いまある幸福を数え、想像力を持って綴り、寝る間もなく働いているエッセンシャルワーカーのために、志を持って家にい続けることだ。

あの日からコロナで立ち止まって来し方に考えを巡らせることが増えた。こういう時間が、私にはなかった。

かつて　隙間なく予定を入れ、寝る直前まで溢れるほどの情報を浴び、特別な日でない限り唐揚げを作らなかった。

いま　唐揚げがジリジリと揚がるのを待つ。その程度の予定外がすんなり入り込める心の隙間を平日の二十四時間のなかに持っておきたい。

＊1　「あの人に会いたい」（NHK）

＊2　『世界はうつくしいと』長田弘著（みすず書房）

＊3　多摩美術大学ホームページ「在学生の君たちへ」美術学部長　小泉俊己

スーパーの愉しみ

日本の食材には待つ楽しみがある。夏はハワイのコンドミニアムで過ごすという年配の女性が取材で漏らした。

「毎年七月にハワイに行き、九月の終わりに帰国します。すると日本のスーパーに並んでいる野菜や果物がガラリと変わっている。常夏のハワイは一年中並んでいるものが一緒なので、四季のある国はゆたかでいいなあと改めて実感します」

出国の七月にあった桃やスイカの代わりに、帰国後は栗やまつたけが主役になっている。鱧《はも》や鰻《うなぎ》はさんまに、そうめんやかき氷シロップの棚は鍋用つゆに。

さっきまでハワイ暮らしをただただうらやましがっていた単純な私は、そうだそうだ日本の食はゆたかだぞ、一年間同じ野菜しかないなんて飽きるぞところりと転向。たしかに日本のスーパーには季節の恵みを待つ楽しみがある。

思えばスーパーはいちばん身近に季節を感じられる空間かもしれない。私の住む街には八百屋も魚屋も果物屋もなくなってしまったので、とくにそう感じる。

フランスの食卓を取材したときもスーパーが興味深かった。フランスの主婦の頭には、つねに〝りんごカレンダー〟が入っていると聞いたからだ。きっと主婦に限らず料理する人なら誰にも。

あちらでは日常的に食べるりんごがゴールデンデリシャス、ガラ、フジ、ピンクレディ、王林、グラニースミスなど三十種以上あって、二〜三週間で最盛期が入れ替わるという。だからフランス人は脳内のりんごカレンダーをめくりながら、買い逃しがないよう、まめにスーパーの棚をチェックしているそうだ。

生食以外にもコンポートやアップルパイやお菓子、ジャム、肉料理と品種ごとに用途が違う。作りたいものに合うお目当てのりんごが並ぶまでじっと待ち、そのときがきたら「いまだ!」と買い込む。

「そんなに種類があって、店頭に並ぶ期間が短いとなると忙しいですねえ」と私が呑気に言うと、こともなげに「あら、ほかにベリーカレンダーもプラムカレンダーもあるのよ」と取材相手のマダムに笑われた。

どんなにおいしくて好きなものでも、一年中あったら喜びが減る。まだかなまだかなと旬が巡ってくるのを待って、それっと料理にかかるわくわくや待ち焦がれる時間も、「おいしい」に含まれている。

日本の山菜があんなにおいしく感じられるのも、春の到来を待ちわびるからだ。ふつうに考えたら、けっこう苦味が強く地味で素朴な葉や茎である。

待つ時間から生まれる小さな幸せの正体。ああ、山菜の天ぷらが恋しくなってきた。早く春が来ないかな。

――かつて　二十四時間三百六十五日なんでも揃うのは便利なことと思っていた。

――いま　待つからおいしい。待つから幸せなこともたくさんある。

友達が趣味で金継ぎをしてくれた急須の蓋。ゆらゆらした線が楽しげ、気分も朗《ほが》らか。金継ぎはこうでなくては、なんていう決まりごとはおかまいなしの自由さが、私に気づきをくれる。〝ていねい〟とは、美しく金継ぎをすることではなく、モノの愛し方の作法をいうのかもしれないと。長く大切にするための愛情表現にルールはない。きっと、モノも人も暮らしも、自分に対しても同じだ。この金継ぎのようにかろやかな、自分流でいい。

二章　買う、選ぶ、手放す。モノと付き合う

買っては捨て、捨てては買いを繰り返し、
ふと気づくと驚くほど変わっていた買い物のものさしと、モノの手放しどき。
失敗を重ねて初めてわかるモノとの距離感。
それらは教わることができない。自分で探っていくものだ――。

「きのうの私」に今日の気分を決められたくないのだ

最近、ようやく気づいた。

私は、作りおき料理が苦手だ。

何日分か作りおいたり、下ごしらえをして冷凍しておいたりすることがどうも性に合っていない。いや、正しくいうと作るのは好きなのである。保存容器に並んだ惣菜を見ると達成感があり、顔がほころぶ。いいことをしたなという気分になる。

作りおき料理が一品でもあると、年がら年中、実らぬダイエットをやっている私のような人間にとっては、パンやスナック菓子の一気食い防止になる。空腹のときに野菜のマリネや煮物、スープがあると、すぐそれを食べられるからだ。忙しいときも助かる。あと一品欲しいときにも役に立つ。

いいことだらけなので、あれこれ作ってみたが、決定的な自分の短所に気づいた。飽きやすいのだ。作るのはいいが、同じものを食べ続けられない。

たとえばボウルいっぱいナムルを作る。それを今日も明日もあさっても食べなければいけないと思うと、とたんになんというか食べたい気持ちが目減りする。和食のときは付け合わせにならないよな、などと自分に言い訳をして目を背けたくなる。

おそらく、縛られるのが嫌なのだと思う。

その日食べたいものを食べたいのだ。便利で、献立のバランスがよくなって、家事の時短になったとしても、縛られたくない。きのうの私に今日の気分を決められたくない。ああ、なんてわがままなんだろう。別に誰からも、作りおき料理をしてと頼まれてもいないのに。

隔週で有機農家から野菜がひと箱届くので、来たときはしゃかりきになって下ごしらえや作りおきをする。やらないと冷蔵庫に入らないためだ。たしかにその日から三日くらい楽だ。ブロッコリーの塩茹で、枝豆をだし醤油に漬けるひたし豆があるだけでも。

けれど、心のどこかでちょっと思う。——旬の採れたて野菜はその日のうちに食べきったほうがおいしいよな。

注文しているのは自分だし、実際調理してかさを減らして冷蔵庫に入れないと悪くしてしまうので、この作りおきは必須なのだが。

ずいぶん前から作りおき料理は注目されている。料理本もたくさん出ていて、私もいくつか持っている。

トライアンドエラーを繰り返したいま思うのは、くどいようだが、人がいいと言ったからといってそのまま自分にも合うとは限らないということだ。とくに料理のようにライフスタイルや嗜好に深く関わる習慣については。

また、一生のなかでも波がある。猫の手も借りたいほど忙しい乳幼児を抱えているころ、作りおき料理にはまっていたらどれほど助かったことだろう。

そのときやらなくても、別のタイミングで自分の生活にフィットすることがたくさんある。つまり、「そのときの私」に合っているかが大事なのである。

新米母の駆け出しのころに買ったデロンギのエスプレッソマシーンは十回も使わずに手放してしまった。仕事に育児に毎日綱渡りで、そもそもエスプレッソを飲んでいるその時間がなかった。あれから二十年余。いま、欲しくてしかたがない。買おうとしていた自分に、言ってあげたかった。「それ買うの、二十年待って」。

私は誰かがいいと言ったモノに弱い。新しいなにかに挑戦するときは、よくよく自分の弱点を見極めてからにせねば。と書きながら、今日の冷蔵庫に大量に残って誰も手を付けない三日目の野菜スープのことを考えている。ああ困った。

――
かつて　便利で賢い料理法にいち早く飛びついた。それをすると自分の〝料理偏差値〟が上がるようで嬉しかった。
――
いま　飽きやすいという短所を心得、作りおきをやめた。毎日その日の気分で食べたいものを決めるのが、いまの私には向いている。

十五年ぶりに鍋を新調した

鍋はひとつのメーカーに統一すると、熱伝導の塩梅《あんばい》や癖を把握できるので料理の失敗が減る。私は十五年ほど前からル・クルーゼという鋳物の鍋を愛用してきた。外は鋳物、内側はホウロウでガラスコーティングされている。日本のそれにはない色味のバリエーションも美しい。ターコイズブルーの中サイズと、赤の大サイズ、オレンジの片手鍋の三つでほとんどの料理を賄った。

ところが三年前、料理をしない娘が台所に立ってまもなく、「ごめん。割れちゃった」と、たいして悪びれもせず申告に来た。

台所に駆け込むと、内側のホウロウにヒビが入り一部が欠け、黒い鋳物部分が顔をのぞかせているではないか。十五年間一度も割れたことがないのにどうやったらこうなるのか。

「強火にかけただけだよ」

「このまま空焚きしたってこと？」

「空焚き。ああうん、そう言うんだね。レシピに〝熱した鍋に〟って書いてあったからそのとおりにしただけだよ」

まったく、料理をしない子というのはこうも基本を知らないものかと脱力するやら情けないやら。己の躾《しつけ》の未熟を反省する。

そんな折、仕事でストウブの鍋に触れる機会があった。これもまたロングセラーの鋳物の鍋だ。なんでも、食材から出た水分が鍋の中で対流し、蓋の特殊な突起による構造から、旨味や香りを逃がさないらしい。けれども、ここ最近あまりに誰も彼もがストウブを使っているので、むしろ敬遠していた。食にこだわりながらおしゃれ生活をしている人の記号のように感じたからだ。それを真似するのはどこか癪《しゃく》だ。みんながみんな同じモノを使わなくてもいいじゃないかという反発心もあった。第一、私はル・クルーゼで事足りている。

だが、ちょっぴり気になる。これを機に、買ってみようか。気持ちがむくりと動いた。安くはないので何カ月か悩んだあと、おそるおそる手に入れた。するとどうだろう。いつもの食材、いつもの調味料、いつものレシピなのに体感的にいうとすべてが一・五割増しでおいしく仕上がる。

蓋にある突起に食材の蒸気が水分となって伝い、雨のように食材に降りそそぐ。水分とともに旨味やスパイスが深く染み込み、こった味付けをしなくても素材の旨味が増して、想像以上の味になる。なんと理にかなった構造だろうか。私はこの鍋の本当の実力を正しく分析もせず判断していた。どうせはやりものと勝手に記号化し、偏見の目で見ていた自分の愚かさを思う。

ストウブを使うとき、たまに小さく自分を戒める。ものごとをどこかで型にはめて考えていないか。あれこれ見てきたからと、うがった目になっていないか。

十五年ぶりに新調した鍋は雄弁だった。


――かつて　機能を正しく評価する前に、誰がどう使っているかで判断することがあった。

――いま　愛されるモノには愛される理由があると知った。

私のフライパン物語

長い間フライパンジプシーだった。毎日使う道具なのでデザイン的にも素敵で、機能的なものが欲しい。しかし、情報が多すぎてどれがいいかわからず、適当にテフロン加工のそれを使いつつ一生モノを探していたとき、たまたまベテラン料理家を訪ねる機会に恵まれた。何度か通い、お人柄も住まいも料理の考え方も、もちろんレシピもすべてが完璧。いまも忘れえぬ独特の気品が備わった人だった。

彼女が使っていたのが国産の老舗メーカーで、一流の鋳造技術が生かされているという鉄のフライパンだった。使い込まれてよく油が馴染み、ピカピカに磨かれたそれは本当に美しく、見るからにプロの道具然としていた。

翌日、さっそく買いに行ったのは言うまでもない。フライパンとしてはやや高額だ。先生の「熱効率がよく、パンケーキでもステーキでもおいしく仕上がる。手入れをすればするほど油が馴染んで育つのよ」という魔法のような言葉が脳内にこだまする。

結果から言うと半年も経たずに挫折した。

使い終わったらすぐ洗う。洗剤は使わずぬるま湯か水で。洗い終わったら火にかけて水分を飛ばし、最後にキッチンペーパーに含ませた油を薄く塗ってしまうという手入れが必要だ。それだけなのに、とくに最後の「油を塗る」のひと手間ができなかった。また、火加減が難しくいつも焦がしてばかりいた。「しょう油などの調味料は温度が高いと煮つまりやすく、焦げつきの原因になります」とメーカーのサイトにもていねいに解説がされている。せっかちで雑な私は、その火力調節がまめにできない。

ネットでは、さまざまな人気料理家やブロガーがこのフライパンがいかにすごいかを語り、手入れをして愛でている様子が映し出されている。その人たちがこれで作る料理はどれもおいしそうだ。こんな素晴らしい道具なのに、なぜ私だけ上手に使いこなせないんだろうと情けなく思えた。

子どもが小さく食事作りに待ったなしの日々だったので、渋々奥にしまい込んでいた元のテフロン加工を復活させた。夫はテフロンのほうが使いやすいと前から言っていたので喜んだ。

そのテフロンがいつものように二年ほどで剝がれ始め、焦げ付くようになった。しばらくあれこれ悩んだが、結局また安いテフロンをそのへんのスーパーで買った。ホットケーキがきつね色に焼き上がり、ああ幸せの色だと思ったがこれまた二年足らずで劣化。

一生モノに出会いたいものだと願いながら、相変わらずのフライパンジプシーを続けていたころ、今度は台所の取材で極端にモノが少ないミニマリストの女性に出会った。転勤が多いのでなるべく持たず、持つなら長く使える一生モノを厳選しているというポリシーの人だ。

シンクの上になにも置かないシンプルそのものの台所を見て、ふと「フライパンはどんなものを使っていますか」と尋ねた。意外な答えが返ってきた。

「テフロン加工の安いものを一年単位で買い替えています」

いわく、鉄製や海外の三重構造のステンレスなどにも憧れるが、鉄は手入れが大変。いまは子どもが小さくて毎回油を染み込ませる時間が惜しい。おまけに重い。ほぼ毎食使うものなので、軽くて焦げ付かないテフロンがいちばん使いやすい。けれどもテフロン加工は長く持たないので、一年くらいで使い捨てと割り切っている。そう決めてから楽になったと笑顔で語る。

彼女から使い捨てという言葉が出たのが意外だった。同時にこうも思った。もしかしたら私は〝一生モノの道具〟という言葉に、自身が振り回されていたのかもしれない。

使い捨ては習慣にしたくないが、ときと場合によってそうわりきったほうが日々がなめらかに進むこともある。一流の伝統技術が生かされたフライパンを焦がしていたころ、料理が楽しくなかった。みんな上手にできているのに、自分だけ失敗しているような。それを見ると、だめな自分にちょっと落ち込むのだ。

自分に鉄と付き合える余裕ができるときまで、あのフライパンには待っててもらおう。それまでは安いテフロンでとわりきり、料理を楽しもうと切り替えたら、ぐっと気持ちが楽に、また煮炊きが楽しくなった。

いまも奥にしまってあるが、じつはなんとなく鉄と付き合える日はこない気がするのでそろそろ手放そうかと考えている。サイトを見たら、さらに人気が高まったようで三年待ち、だそうな。
フリマサイトで売るときは、手入れのことは明記しよう。失敗を重ねた私から次の持ち主への大事な伝言事項だ。これがまたどこかの台所の奥に眠り、活躍の場をなくすのはかわいそうだもの。

かつて　素敵な人が薦める〝一生モノの道具〟を買ったら、ずっと使い続けるべきだと思い込んでいた。
いま　素敵な誰かにとっての逸品が、自分の生活に合うかはわからない。価値観は人それぞれ。買い替えに対する考え方を変えたら、フライパン探しの旅が終わった。

台所の〝真っ白〟

　フライパンジプシーに続き、台所の台拭きもまた、長年悩んできたアイテムのひとつである。どこに置いても、なにを使っても何日かすると嫌な臭いがし始めるし、汚れる。ウエスを切って油汚れ用、テーブル用と分けたこともあったが、水洗いしてもシミまでは抜けず、なんとなく汚れたそれを置く場所に困った。足元にバーを付けて掛けたら、今度は食卓を拭くものを下に置くことに抵抗が芽生えた。

　台拭きは、毎食使う必須の道具でありながら、あまり近くに置きたくない。だからといってぞんざいにもできない、悩ましい存在なのである。

『東京の台所』（朝日新聞デジタルマガジン＆w）という連載で人様の台所を取材して九年になる。そのたびなにげなく台拭きをチェックしている。取材相手が良いと薦めていたものを真似て何度も買ったが、どうもうまく使いこなせない。いつも湿っているし、洗濯機で洗うには何枚も溜めなければならず、そこまでのストックも持ち合わせていない。結局どんな台拭きでも汚れたら同じだなと諦めていた。

先日、小さな子どもがふたりいる漫画家さんを取材した。仕事に育児に忙しそうな彼女は大の料理好きである。ロシアやアジアの伝統料理に詳しく、料理教室を実演して配信している。道具も器も好きで、台所は世界各国で買い集めたものがひしめきあっていた。

だが、好きなものに囲まれている人独特の統一感があり、少しも目にうるさくない。カラフルで、味のあるにぎやかな空間であった。

その家で、ひときわ印象に残ったのが真っ白な台拭きである。ふわふわと触り心地のいい二枚のそれが、シンクに掛かっていた。ひと目で、漂白のまめさがわかった。忙しそうなのに、よくこんなに真っ白を維持できるなと心底感心した。

私はといえば子どもが小さいころ、家事はいつも〝必要最低限〟だった。食卓は拭くが、漂白など数えるほどしかしたことがない。たまにするので塩素系の強い漂白剤を適当に流し込み、速攻の効果を期待した。ツンとした臭いは気になるし、たまにしかやらないので、それほどシミも取れずがっかりして終わり。そんな日々の末に、いつしかやらなくなった。

彼女に聞くと、奈良で代々蚊帳を作っているメーカーの「白雪ふきん」という製品だという。生成りや藍染などいろんなデザインがあるが、無地の白がお気に入りとのこと。

「酸素系の漂白剤だと臭いやぬめりがなくて使いやすいですよ。成分の炭酸ソーダは環境への負荷が少なめといわれています」

蚊帳生地の端切れの転用から始まったそのふきんは吸水性が高く、使えば使うほどガーゼのように柔らかくなる。蚊帳同様、通気性が良い繊維なのですぐにカラッと乾く。

彼女は皿を拭くふきんとして使い、くたびれてきたら台拭きにしていた。

「一日の終わりに漂白をします。毎日、真っ白な布巾を使えるのは気持ちがいいですよ。私、きれい好きなんで」

この白は彼女の拠り所ではないか。私は勝手にそう思った。日々は慌ただしく、隅々まで整理整頓はしきれないが、毎食使う台拭きをいつも清潔にしている。それだけで、自分を許せる。なんとか家事をやれている。よし頑張ろうと奮起させてくれる存在なのではと。

取材後さっそく真似して四枚買った。すると、二十数年悩んできた台拭き問題が見事に解決した。一日の終わりに、ボウルに二枚を浸して酸素系の漂白剤をさっとひと振り。代わりに控えの二枚を蛇口横の定位置に掛け、入浴へ。風呂から上がるころにはシミもきれいに抜けているので、よくすすいでベランダに干す。

夜空に白がふたつ、ゆらゆら揺れる。今日も一日ご苦労さん。家事など少しも完璧ではないけれど、台拭きだけは清潔にできている自分をねぎらう。朝は真っ白な次の二枚が、台所で出番を待っている。ずぼらな私でもやればできるじゃん。白の台拭きが、小さな誇りを毎日与えてくれる。

理想の台拭きに出会うのに二十数年もかかった。なんと家事道の奥深いことか。新台拭き生活四カ月目。今日も三十センチ四方の白に心を満たされている。

かつて　古布を切ってウエスにしてみたり、冷蔵庫の下にマグネットでタオルバーを付けて定位置を作ったり。どれも長続きしなかった。

いま　一日の終わりに漂白。〝毎日真っ白〟に予想外の喜びをもらっている。

可視化の効用

台所道具にも流行がある。仕事でも情報にふれることが多い私は、料理が好きなこともあり新しいものにすぐ飛びつく。はやりは悪くないし、道具で家事が楽しくなるのは素敵なことだ。けれども私の場合、その結果がたいていうんざりするほど失敗の連続なのである。食品の保存容器は最たるもので、安物を買ってはたまっていく。この失敗から学んだ戒めは、〝冷蔵庫内の保存容器だけは流行に惑わされるな〟である。

食品の保存という作業は、家族の生活状況と色濃くリンクする。家族が料理をするかしないか。温め直しはレンジだけでなくオーブンも使うか。ふだん卓を囲めるのは何人か。そもそもどんな料理が多いか。

たとえば、我が家は子どもが小中学生のころ留守番をさせる際に、ひとりひと皿ずつ盛り付けてラップをしていた。そのせいか成長しても、大きな保存容器に入れたものを自分の分だけ取り分けて温め直すとことをしたがらない。朝、「ポテサラがボウルに入っているから自分でよそって食べてね」と伝言していっても、気づかないのかなんなのか、そのへんの菓子パンや納豆とご飯で済ませてしまう。鍋のカレー、シチュー、おでんやスープもあまり自分でよそって食べない。じつは夫もそうで、彼の場合は冷蔵庫の鍋の蓋を開けて確認をしない。私が遅くに帰ると、せっかく早く起きて作っておいたものがそのまま残っていて、別にカップラーメンなどを食べているので逆上することもしばしばだ。

苦肉の策で毎日写真に撮り「これを温めて食べてね」「チーズを載せて焼きカレーにして」など家族にラインするようになった。このため食べ忘れは減ったが、夕食を作りおいて仕事に出るようなときは多忙の極みなので、面倒でなんとかならないかと考えあぐねた。ちょうど子育てが始まったころ、白いホウロウの保存容器がはやりだした。シンプルなデザインでスタッキングもでき、冷蔵庫もスッキリ。大小さまざまなサイズがあって便利だ。ところが買ってみると、中身が見えないので家族は誰も気づかない。ナムルやマリネを入れておいても、よほどのことがない限り、私の留守中も手つかずなのだ。

どんなにかっこよくても、我が家のように中身も確認しない、私も中身をマスキングテープなどに書いて貼らないズボラな家族には向いていないなと諦めた。ジップロックや百円ショップのものも試したが、半透明は中身がよく見えず結局食べ忘れが出る。

三、四年前、イワキという耐熱ガラスの保存容器を知った。「これだ！」と思った。教えてくれたのは音楽家で交響楽団所属のシングルマザー。病気で亡くなった夫との間に十代の子どもが三人いる。コンサートはいつも夜なので、一年の大半の夕食が子どもたちだけになる。彼女が言った。

「いままで百円ショップや雑貨屋でいろんな保存容器を買ってきたけど、うちの子たちは中身が見えないと気づかない。だからこの耐熱ガラスの容器に全部買い替えたの」。

そのとたんストレスがゼロになったと晴れやかな笑顔。悩みが同じ私は膝を打ち、ネットで注文した。

サイズは大中小の三つ。オーブンにも使えるので、グラタンもキッシュも思いのまま。大サイズは鍋の中身がまるごと入る。中サイズはポテトサラダ、茹でたブロッコリーやオクラ、おひたし。小サイズは薬味やプチトマトのマリネなど。冷蔵庫を開ければ中身が一目瞭然。おのおの好きなものを盛り付けて食べるようになった。

ブランドや商品名ではない。我が家の場合は可視化が大事だったのだとよくわかった。もっと早く気づいていたら、ホウロウを買わずにすんだのに。

ただし、その後ホウロウの逆転ホームランがおきた。

取材でホウロウの筒型・持ち手付きストッカーを使っている人がいたのだ。朝の味噌汁の残りを鍋からストッカーへ移し入れ、冷蔵庫へ。昼や夜、ホウロウのまま直火にかけ温め直すことができる。鍋は冷蔵庫の中で場所を取るが、こちらは縦に長いので省スペースになる。

いまも二日に一回は登場。微妙な量の残った汁物に便利だ。

中身は見えないが「この丸型の容器はお味噌汁だからね」と家族に宣言してあるので誰も食べ忘れない。だしをとったり、魚を漬けたりボウルとしても使える。

あのとき、うまく使いこなせず悪者にしてごめんとホウロウに謝っておこう。

――かつて　デザイン性、機能性は吟味するが、自分と家族の嗜好や習性は一切気にせず台所道具を買い求めていた。

――いま　保存容器はイワキガラス三種、汁物は野田琺瑯に決めている。メーカーを統一するとスタッキングでき、冷蔵庫内がスッキリ。買い物も迷わずにすむ。

器は思い出の倉庫

　独身時代の私の食器棚は、ひどく統一感がなかった。結婚式の引出物でもらったカップの横に百円ショップのグラス。実家から持たされた有田焼や母が銀行でもらった陶器の小鉢が並び、脈絡がない。なにも気にならなかったのは、ろくに料理をしなかったから興味が向かなかったのだ。

　結婚した二十九のころから器の好みが芽生え始めた。アメリカの古いマグを集める友達や、陶芸家の知り合いや、窯元を訪ねる仕事が増えたことも影響している。個性的なフォルムの焼き物や、漆器などを衝動的に買っては悦に入っていた。買うこと自体が楽しかったのだと思う。

　しばらくして子どもが生まれると、食器棚の前面は、メラミンやプラスチックの割れない容器に占領された。

子どもが中高生になると、再び自分のなかで器ブームが。窯元、陶器市、個展、ギャラリー、旅先の器店、古道具屋を好んでのぞいた。

子育てが一段落したいまは、リサイクルショップでできるだけ薄い昭和のグラスを探すのが楽しい。といっても、器はそうそう割れないし、しまう場所も限られているので、何年かに一度だけ。使わなくなった器が溜まると、人に譲ったり処分する。

振り返ると、八〜十年単位で器の一部が入れ替わっている。個性的すぎて食卓から浮き、結局使いこなせない、スタッキングできず収納に困った……。手放す理由は似ている。やっとわかってきたのだが、デザインや陶芸家の魅力だけで選ぶと失敗しやすい。何通りにも使えるか、収納しやすいか。とりわけ大事なのは、自分がよく作る料理に合うか。器を見るときに、「どんな料理が合うだろう」ではなく、その逆を考える。

こうして、使い勝手と、主張しすぎないデザインと、収納しやすさが肝だと気づくのに三十年余かかった。

器には、嗜好の変化だけでなく、そのときの暮らし方や心のありようが色濃く投影される。自分はどんな考えを大事にして暮らしてきたかが透けて見えてくる。

この先も自分の〝好き〟のものさしは変わり続けるだろうし、変わっていいと思っている。残すもの、手放すもの。それぞれの理由を探りながら、歩いてきた日々を懐かしむ。食器棚は思い出の倉庫みたいだ。

――かつて　個性的な器を勢いにのって買いがちだった。それはそれで楽しく、生活が始まって間もないころには必要な祭りだった。

――いま　プレーンで存在感がそれほどなく、昭和の製造技術の高さがわかるような少しレトロなモノに惹かれる。

器の定期点検とあそぶ金継ぎ

あんなに好きだった器をごくたまにしか買わなくなった昨今、気になりだしたのが欠けたり割れたりした器である。金継ぎをして使いたい。〝足す〟のではなくて、〝直して使う〟ほうに思考がシフトしつつある。

粗忽なので割れや欠けは増えるいっぽうだ。

しかし、調べれば調べるほど金継ぎの費用は高く、またネットでも順番待ちだ。いっそ自分で習おうかとも思ったが、不器用で自信がない。

あるとき友達が言った。

「そんなに困ってるなら、私やってあげようか?」

「え、金継ぎできるの?」

職業はカメラマン。長い付き合いだが金継ぎができることを知らなかった。器好きの彼女は、気に入ったものを長く使いたくてネットで調べて施しているらしい。

「自分が楽しみたいだけなら、我流でもいいんじゃない？」

はっとした。プロでなければ、あるいは正しく習わなければと思い込んでいた。自分が使うものを自分で繕う。金継ぎを芸術として愛でる趣味人は別として、昔から先人たちはそうしてきたではないか。自分が使うものなのだから、少々格好悪くたっていい。肩の力がすっと抜けた。

急須、皿、鉢。

半月後、化粧直しをして返ってきた器は、プロのように繊細な線ではないが、なんとも温かく、朱いベンガラを混ぜたり、金だったり黒だったり遊び心に溢れていた。器というキャンバスに向かって絵を描く子どものような自由で伸びやかな継ぎだ。

好きな器を長く大事に。その気持ちさえあれば、道具は生き返る。生活は楽しんだもの勝ちだよ。ゆらゆら太めの金銀の線にそう言われている気がする。使うたびに心ほどけるのを感じながらいま、私はこう思う。〝ていねい〟とは、できるだけ環境に負荷をかけないことや、ものをもたないこと、なにごとにも手間ひまかけてとりくむことなどではなく、人やモノを愛するさまをいうのではないか。

愛情表現にルールはない。だから、昔ながらの金継ぎの技法でも、かんたんな我流でもなんでもいい。

他者や自分やモノを慈しむ心持ちを〝ていねい〟と表すと、霧が晴れるようにさまざまなことがすっきり明快になる。

かつて　割れや欠けを修復しようという発想がそもそもなかった。

いま　愛着のある自家用の道具は簡単な手入れで長く使えればベスト。正しさを追求すると腰が重くなる。

手箒《てぼうき》の祈り

『もう、ビニール傘は買わない。』（平凡社）を上梓したのがちょうど十年前である。本書『ただしい暮らし、なんてなかった。』は、十年後の続編をというところから始まった。なにが変わり、なにが変わらないのか。トライアンドエラー（うち、ほとんどエラー）を繰り返してきたからこそ伝えられるヒントがあるのでは、と。

前著で〝手箒の勧め〟を熱く綴った。電気も使わず音も出ず、軽くて静か。場所も取らず小回りもきき、絨毯の上もきれいにゴミをかきとれる。本当に優れもので、いまも毎日使い続けている。

でも、あのころとほんの少し使い方が変わってきた。

当時はリビングに置いていたが、数年前から洗面所に。ドライヤーをかけたあと、髪の毛を掃き集め、傍らに常設のコードレス掃除機で吸い取る。このミックス使いと置き場所が、十年前との相違点だ。

箒もコードレス掃除機も軽く、片手で扱える。ちりとりより早く確実に吸い取るところもいい。洗面所は脱衣室兼ランドリールームでもあるので、衣服の脱ぎ着や洗濯物を出し入れする際に、塵や埃が出やすい。それらをドライヤーのあとにひと掃き。さっと吸い込んでおしまい。二分もかからない。

リビングに置いていたころは、なんとなく〝手箒はいいものだし〟と、頑なにメインで使っていた。

なぜあんなに箒にこだわっていたんだろうと思う。〝いいものだ〟という理屈にとらわれすぎていたのかもしれない。理屈にかなった昔ながらのいいものを使う私。環境にも優しいものを使う私、が気持ちよかった。広いところは掃除機に任せてもいいのに、メインで使うこと自体が自分のなかで大事だったのだ。箒に限らず、あのころの私には想いと実生活が伴わないことがままあった。頭で考えて、本当の快適がこぼれ落ちるようなことが。

いま、狭くて汚れやすい洗面所専用として活躍の場を移したところ、同じ道具かと思うほど役に立っている。髪の毛をきれいにかき集める箒のすごさ、ありがたみも増している。繰り返しになるが、手箒自体はじつに優れた掃除道具だ。それを、いまの自分の暮らしに合うようアレンジして使いこなして初めて、箒本来のエコな側面が生きる。いわゆる〝持続可能〟なツールになる。

二十一年前、マンション全体であつらえたコンポストもいつしか誰も使わなくなった。我が家で一時期あれほど楽しんだ七輪も処分してしまった。

あるエッセイストが、「土鍋を使っている」と著書に書いたら、取材で訪れた編集者やライターに「電子レンジもお持ちなんですね」と驚かれ、なんだかわからないが「すみません」と謝りたくなったと冗談交じりに語っていた。とてもよくわかる話だ。

二十年ほど前からスローライフ、ていねいな暮らし、シンプルライフという言葉が女性誌やライフスタイル誌を跋扈《ばっこ》している。私もたくさん取材をして歩いたし、そういう人や暮らし方にたくさん憧れた。なかには、少々窮屈ではないかしらんと感じる人もいた。自分に厳しすぎたり、「こうでなければ」と思い込みすぎていたり。手箒を使わねばとしゃにむに思い込んでいた私も同じだ。

レンジがあるからといって謝らなくていいのだ。自分の暮らし方は自分が決める。いまは、良い道具を自分流に長く快適に使い続ける方法を編み出せる人に憧れている。

かつて　〝手箒を使う私〟にこだわっていた。
いま　こだわりを捨てたら、自由でさらに快適な使い方ができるようになった。

出産祝いにいただいたときは鮮やかな藍色だった。二十六年目の日本手ぬぐいは、褪《あ》せてはいるけれど、けしてやつれてはいない。息子が自立したあとも、やわらかくさりげなく家族の朝夕の傍らにある。使い始めが美のピークではなく、歳を重ねるほど使い込んだ痕跡が、美しく木綿になじんでいく。機能美とは、こういう道具のことを指すのだろう。

二十六年目の日本手ぬぐい

「二十六年間使った手ぬぐいってどんな感じですか」

出産祝いに二十枚もらって以来使い続けている日本手ぬぐいの良さをあちこちに書いていたら、編集者に聞かれた。言われてみれば、歳月を経た手ぬぐいについては考えたことがない。そこで、記念用にとってあるほぼ未使用の一枚と並べてみた。

驚いた。古いものはふわふわで、未使用の何倍も柔らかく肌当たりが良い。色落ちはしているがけして色がやつれてはいない。鮮やかな藍から落ち着いた藍へ。使い込んだ独特の味わいと美しさがある。なんというか、たたずまいが〝よれよれ〟ではないのである。最初フカフカでも年月を経るとよれよれになってしまうタオルとは対照的だ。

色については、昔ながらの注染《ちゅうせん》という技法の効用もありそうだ。これは本染ともいい、裏表がなく両面が色鮮やか。最近ノベルティでよく見かける、片面だけ顔料インクを用いてシルクスクリーンでプリントする手ぬぐいは二、三年でへたってしまう。買ったときは表面にぱりっと染料がのって美しいが、繊維を奥まで染めていないので色落ちしやすく摩擦に弱い。

木綿は洗うほどに風合いが増し、吸い取りが良くなる。毎日使い続けてもその利点が損なわれないことにも驚いた。いやはや、注染の日本手ぬぐいおそるべし。いったい世界にこんな便利でデザイン性ゆたかな働き者の布がほかにあるんだろうか。家族でひとり一枚ずつ使っても洗濯容量をおびやかさず、家事労働的にもずいぶん助けられた。乾くのもタオルより早いし、たたむとコンパクトになって旅行や携帯に便利。

二十六年を経てなお、小さな喜びが増えていく日本の生活道具の実力に脱帽なのである。もらった手ぬぐいの柄の意味を最近調べた。手ぬぐい専門店「かまわぬ」の商品で、藍染の〝麻の葉繋ぎ〟という古典柄だった。麻の葉は生長が早く、それにあやかって昔から出産祝いによく使われてきたという。送り主は編集プロダクションの元同僚で、みなでお金を出し合って息子の名入りオリジナルを作ってくれた。柄の意まで汲んで選んでくれたのかと、じーんとした。

当時、これをもらうちょっと前までの私の生活は、雑誌の編集仕事で連日終電帰り。食事はほとんど外で、家には寝に帰るだけ。生活道具についてなど考えたこともなかった。同僚らだって同じで、忙しかったはずだ。それでも、かまわぬ本店（当時は代官山本店しかなかった）まで足を運んで注文し、再びピックアップに行ってくれた。その気持ちもまた嬉しい。

洗面所やトイレで手ぬぐいを見ると時々、子どもを授かった喜びとともに、さりげなく子どもの名を聞き出し、店に足を運んで柄にこめられた意味を探りながら注文してくれた若い仲間たちのことを思い出す。

使う楽しみ、眺める楽しみ、仲間の想い。一枚から、なんと多くの、見えない喜びをもらったことだろう。

そしていま書きながら気づく。あれは、仕事を理由に家のことに目が向かなかった妻としても母としても新米の私が、初めて、暮らしの道具を通して生活を整える愉しみに興味を持った最初のできごとである。新しい技術ばかりじゃない。日本の昔ながらの知恵から生まれた道具の機能美に気づかされた。小さくて大きな発見だった。

かつて　手ぬぐいを日常的に使うという習慣がなかった。

いま　二十六年を経てさらにふわふわ柔らかく、色あせ方がみすぼらしくない。使えば使うほど肌当たりがよくなっていく手ぬぐいの有用性にあらためて脱帽している。

〝捨てる〟に疲れる

いつからか、私たちは捨てる作業のためにたくさんの労力を使うようになった。捨て方は知恵をしぼり工夫をする、ときに学びの対象にもなった。なにを持ち、なにを持たないか。過剰な時代に登場した捨て方の本は鮮烈で、私も夢中になって読んだものだ。

けれど正直にいうと最近はちょっぴり、捨てることに疲れてきた。雑誌の取材で収納カウンセラーの片付けに何度か同行した際、持ち主にとって大事なものかどうかは本人にしかわからず、大衆に向けメソッドとして書くのは難しいと実感した。「それは処分しましょう」と言われ、一瞬住人が気分を害する場面を何度か見たからだ。

いうまでもなく、「片付ける」と「捨てる」は同義ではない。だが、片付けは大きくモノを捨てないと劇的なすっきりにはならない。とりわけ雑誌記事は、ビフォア・アフターに大差をつけたいので劇的の加減を強調せねばならず、一般の暮らしより捨てる度合いが大きいのでそう実感しやすい。

放っておけばモノが溢れる。では、どうすればいいか。

究極的には、捨て方を磨くのではなく、買い方の腕を磨くべき、新しいものを加えるときに熟考する以外ないのではと、最近は感じている。

たとえば増え続ける洋服。私はいつも出かける前に「着る服がない」と嘆く。よく考えると、服がないのではなく「このボトムスに合うトップスがない」。着る予定のカットソーに合うスカートがないだけなのだ。となれば、服を買うときにどんなにひと目惚れしても、手持ちのなかにそれに合う服がなければアウト。手持ちとの組み合わせがいくつあるかを考えてから購入を決めなければならない。器と同じで、この皿に何通りの料理が合うか。いま我が家の器は、和洋中なんでもいけるオールマイティでプレーンなものが残っている。服もできるだけコーディネートパターンが何通りも浮かぶものがいいだろう。

ここ何年か履き倒しているのはアフリカンバティックのハンドメイドシリーズである。服好きの友達がプライベートでたちあげたブランドで、赤、青、黄、ビビッドなアフリカらしい色柄の生地のラップスカートである。三枚作ってもらい、外出時は着回している。スカートが派手なので、トップスはシンプルな無地のTシャツや綿シャツ、カットソーが合う。とくに気に入った型のプレーンなカットソーは、色違いで買っておく。白、黒、ネイビーブルー。自分に似合う気に入った型がひとつあったら、色違いを揃えることでコーディネートや買い物の場面でも迷いがなくなり、あちこち店を探さずにすむ。そのため色違いで買っても負担のない金額なものにしている。

アフリカンバティックとのコーディネートはいつも二、三分で決まる。そのかわりピアスやサンダルで変化を楽しむ。ラップスカートはもう一枚欲しいところだが、ワンピースも一枚持っている。一週間毎日出歩くわけではないので、ワンピ含め四枚で足りる。

トップスは、クラフトのハンドメイドサイトで同じ作家に色違いで注文することもある。

色・デザイン・フォルム・着心地のなかで、後者二点は試着しないとわからない。見た目が良さげでも、着たら自分の体型には似合わないということは多々ある。だから、気に入ったフォルムと着心地のものに出会えたら、一から別のものを探すより、色違いを買うほうが失敗がない。とくに試着のできないネット通販は便利で、迷う時間もカットできて両得だ。ついてほしくないところにたっぷり肉がついている私は、似合うかたちを探すのがひと苦労なので、気に入ったフォルムの作家の色違い作戦が有効。なんでも似合う体型なら、ファッションの買い物をとことん楽しむのだが。

捨てる生活から話がそれてしまった。そう、前述のような買い方になってから、洋服を処分することが減った。衝動買いが減ったからだ。

捨てる（アウトプット）ときより、家に入れる（インプット）ときによく考える。洋服が欲しくて欲しくてしょうがなかったあのころにはなかった新しい習慣である。

かつて　どんなに服を買っても、いざとなると「着るものがない」と感じた。

いま　アウトプットよりインプットに熟考。気に入ったものを色違いで揃えると、買い物のブレと捨てるものが減る。

五十代の住み替えの意外なテーマ

じつは来月、住み替えをすることになった。

現在の家は二〇〇〇年、息子五歳、娘一歳のときに入居した。住民同士で建設組合を結成、各住戸自由設計で建てるコーポラティブハウスである。

間取りも設備も自由。建築家とドアノブひとつまでこだわって建てた想い出深い住まいだ。住替えのきっかけは些細なことだった。

結婚した息子夫婦がまめに泊まりに来てくれるが、寝るスペースがない。ふだんの夫婦の寝室である和室を彼らに渡し、私は娘の部屋へ、夫はリビングに寝る。三畳足らずの仕事部屋と書斎があるが、机と書棚に占領され布団を敷けない。孫ができたら誰かひとりはベランダに寝なくちゃ。そう冗談を言っているとき、娘と私で不動産広告を見始め……。

詳細は五章「育ちゆく日課表、住まいクロニクル」で記したい。

新しい家はいまの住まいから徒歩十分。子どもたちが小さいころ、毎週末遊んだ公園の前にある。この街に越してきたときから、窓の前が緑いっぱいのあんなところに住めたら気持ちいいだろうねと夫婦で眺めていた場所であった。

私は飽き性が災いして元来引っ越しが多い。悪癖にうんざりしきっている夫が珍しく「あの家に住めたらいいよな」と話にのってきた。

そんな具合で、あれよあれよという間にコトが進み、ほぼ同じ築年数の近所の戸建てに越すことが決まった。

さて、台所や洗面所をどう変えよう。あそこに棚を付けて、壁は珪藻土にして……。中古住宅を買う者にとっておそらくいちばん楽しい時間。案の定、私も妄想が止まらない。しかし、リフォームの予算は雀の涙だ。妄想は先細り、どう予算を抑えるかという現実的な作業にあっという間にすり替わった。

リフォームはデザイン性に特化したリノベーション専門の工務店ではなく、個人の職人さんにお願いしたいと考えた。予算もなく、大掛かりな工事もない。ツーカーの会話ができて、腕の確かな人と細々《こまごま》したことを進めたい。経験豊富な職人さんの話も聞いてみたい。そこで職人サイトに予算や内容を登録すると、すぐに返信が来た。

現れたのは白髪の七十代、ナカオさん・ナカタさんのコンビである。ナカオさんは設計、ナカタさんは棟梁だ。コロナ禍で仕事が減り、ふたりで会社を設立。慣れないサイトにも登録したばかりとのこと。

ナカオさんは知識豊富で、材料や技術についてひとつ質問すると十五分は話が止まらない。歴史と変遷、現在の建築界の問題点。メモを取りたいくらい貴重で興味深い。ついでに小津安二郎の話も止まらなくなる。ナカタさんは物静かでまさに棟梁のイメージそのもの。代替案が豊富でどんな難問にも冷静に応える。

コーポラティブハウスの購入者はフルリノベーションで壊すため、建具でもなんでも持っていっていいことになっている。そう話すとナカオさんはこう言った。

「新しい家に持っていけるものは持っていきましょう」

私は驚いて聞き返す。

「仕事場のドアやタオルバー、作り付けの書棚とかピクチャーレールなんかを持っていきたいんですけど、細かい工事でやっかいではありませんか？」

「だってもったいないじゃない。俺は長くリフォームの仕事をしているけど、前の家のものをなんでも持っていっていいなんて聞いたことがない。素晴らしい好条件だよ。使えるものは使ったほうがいい」

うんうんと隣でナカタさんがうなずく。

タオルバーなんぞ、新品をつけるほうが工事は絶対に楽だ。いったん旧居から取り外し運搬する作業がないからだ。ドアも、サイズが違うので、削るなど調整加工の作業が入る。そうわかっていながらやってくれるという。作り付けの書棚、調味料棚、タオルウォーマー（壁付け乾燥機）、二十一年間愛用したホシザキの食洗機、仕事部屋のドアからトイレットペーパーホルダーなどという小さなものまで移設することになった。

いちばん大きなものは、飾り柱だ。旧居で構造上はなにも役目を果たしていないが、二十一年前、新しいものだらけのマンションになにかひとつ生活の痕跡が伝わる古いものが欲しくてあつらえた。古材バンクで見つけた古民家の梁《はり》を、飾り柱として設置した想い出のものだ。リビングの中心にでんと構え、家族にとって我が家の象徴的存在でもあった。

「できれば柱を持っていきたい」と、夫は言い続けていた。だが移設費にどれだけかかるかわからない。飾りのためにナカ・ナカコンビもそこまではやってくれまい……。

「寸法は調整すれば大丈夫。持ってけるよ」

ふたりはこともなげに言った。


かくして、今回のリフォームの目的は新しいものを増設したり付け替えたりするのではなく、〝いままで持っていたものをさらに使い続ける〟ための工事になった。

ナカ・ナカコンビのふだんの現場は、古いものを壊し、新しいものに付け替えるのが仕事だ。いわゆる室内のスクラップアンドビルドである。どこでも「トラックいっぱいのゴミが出てげんなりする」という。今回も廃棄物は出るには出るが、よそよりは少ないだろう。

「俺たちも柱の移設なんて、こんな工事は初めてだ」

ふたりは笑った。

きれいなキッチンやお風呂やトイレの夢は消えてしまったけれど、二十一年間暮らした思い出のきれはしを職人さんの力で新居に引き継げる。見積もりには、新たに買って設置したほうが早くて安いものもたくさんあったが、買い足すのをやめた。ナカ・ナカコンビが、手間ひまかかって面倒でも古いものを使い続けるための労力を惜しまないのだもの。私が人生の先輩の胸を借り、職人技に委ねなくてどうする。

本章のタイトルは「買う、選ぶ、手放す。モノと付き合う」だ。その答えがすべて内包されたおそらく生涯最後、いちばん高い買い物の練り上げ方を、ふたりの人生の先輩から学ぶことになる縁の不思議に感謝している。

かつて　リフォーム経験全五回は新しいものに取り替える、および新しいものを足す工事だった。

いま　飾り柱、ドア、作り付けの棚（書棚、調味料棚、仕事用ファイル棚）、ピクチャーレール、物干し金具などを移設。〝使い続けるためのリフォーム〟に挑戦。

三章　人付き合いの快適な距離と温度

相手のすべてを知らなくていい。
自分のすべてをわかってもらおうとしなくてもいい。
寄り添っていれさえすれば、気持ちは同じでなくてもいい。
そう思ったらずいぶん心が軽くなった。
そう気づくのに三十年かかった。

自分らしく生きるのはけっこう覚悟がいる

長男が社会人になったとき、「自分らしく頑張れ」となにげなくメールに書いたのを覚えている。ところが半年も経たぬころ、久々に会った彼の表情がびっくりするくらい疲弊していて驚いた。そうだよな。〝自分らしく〟ってこの社会ではけっこう難しいよな、と内心思った。

そもそも自分らしくってなんだろう——。不合理だと思うことにはきちんとノーと言ったり、ときには自分を曲げず貫き通したりすることもいうだろう。だとすれば、新社会人にはなかなか簡単ではないはずだ。

私も「ノー」は下手だ。

元来、人からの誘いや頼まれごとをあまり断れない。

先日、SNSを使ったバトン形式のインスタ投稿企画について話が回ってきた。賛同したので、次のバトンを渡すべく、心当たりの人に打診をした。

すると、しばらくして断りのメールが来た。「参加していない人の立場になると疎外感があるかもしれないので辞退する」という長くていねいな返事だった。

率直な言葉の連なりはすんなりと理解でき、よく納得できたのでお礼を告げた。相手から「こちらこそ伝えることで、なにが引っかかっていたのか自分のもやもやも整理できました、ありがとう！」と返ってきた。

ノーの伝え方が上手な人だなとしびれた。誠実に自分の気持ちを伝える。妙なフォローや言い訳を一切しない。ていねいな文面から、思いがこちらの心にまっすぐ届く。

いろんな考え方があっていいし、価値観は他人に押し付けるものではない。

彼女のノーの返事から、私は人付き合いの基本を学んだ。誰かがいいと言ったことに賛同するにしろ、違う立場をとるにしろ、「自分は」どう思うのかを言葉で表明する。それは、自分の軸をしっかり持っていないと、なめらかにはできない。

自分の軸を持っているから、まっすぐノーを言えるという女性がほかにもいる。

ひとりは、「全員とゆっくり語り合えないのは未消化な気持ちが残るので」という理由で、四人以上での食事会は極力断っている友達。

もうひとりは、「友達をたくさん持つことに意味を見いだせなくなったので、スマホの電話帳の連絡先を五人に絞ったのよ」と取材で語っていた女優さんだ。ふたりともひどく晴れやかな表情が印象的だった。

自分らしく生きるのは、甘くも簡単でもない。覚悟もいる。でも、思いや理由を誰かのせいにせず、またその場限りにとりつくろうこともせず、一生懸命言葉を紡いだら必ず相手に届く。届かない相手がいたとしたら、付き合わなければいい。そうわりきれる年齢にやっとなった。いつか息子に伝えられたらいいなと思う。


――かつて「ノー」と言うのは悪いことだと思っていたのでのみこむことが多かった。

――いま「ノー」の理由を誠実に伝えれば相手に伝わる、と信じられるようになった。

大勢で会うのをやめたら楽になった

前頁の四人以上の食事会にはあまり行かないという友達に影響され、私もここ二、三年はそう言うようになった。くだんの友達は、病気をきっかけに、「これからは自分にあまり無理しないようにしよう」と決めたのだそう。

私も五十を過ぎて、命には限りがあることを実感として抱いている。大切な友達が病と戦っていたり、かつて机を並べ、何度も徹夜で一緒に仕事をした元気な先輩が急逝したことが大きい。命のような重いことばかりではない。矯正不能の先天性白内障で右目しか視力がないので、見えているうちに書ききったりやりきったりしたいと思っている。

人生後半戦。一日一日を大切にするというのは、言葉でいうほど易しくない。昔と変わらずいまも目の前のことに精いっぱいで、〝そうだいまを大切にしなくちゃ〟と、日常的に意識できないからだ。子育てド真ん中の人に「いまを楽しんで」というのが絵に描いた餅なのと一緒かもしれない。しかし、具体的に大勢の食事会に誘われた場面なら、〝いまを大切に〟を軸に行動できる。

晩餐の数は限られている。いつ誰かとの別れが、あるいは闇がおとずれるかわからない。せっかく卓を囲むならば、楽しく有意義な時間にしたい。相手をよく知りたい。自己紹介や浅い近況報告で終わる食事はもったいない。最近読んだ本、映画や芝居についても聞きたいし、気になるニュースについてどう思うか知りたい。悲しかったり疑問に思ったりしたことを共有したいし、助言も欲しい。そしてたくさん笑いたい。

嫌いな人と食事に行かないと言いたいのではない。好きな人でも大勢だと四人なら二対二、五人なら二対三に分かれがちで誰かと話さないまま終わってしまう。それがもったいないと言いたいのだ。

お誘いを受けたとき、おそるおそる「大勢で飲むのはやめにしているんです。隣や向かいに座った人としか深くお話しできないんで」と伝えたら、「そうなんですね。じつは私もそう思います」「僕も」という反応が多くて驚いた。みんな同じなんだなと安堵もした。

仕事のキックオフや打ち上げなどで食事する会は喜んで参加するが、次回があるなら、そのなかの誰かと少人数にする。大勢でワイワイを何度もやるより、じっくり隣に座った人と語り合うほうが私は得るものが大きく士気もあがる。

駆け出しライター時代は誘われたらすっ飛んでいき、なにかのパーティやオープニングを欠かさなかったが、いまはじっくり誰かと、できれば一対一で、が心地いい。断ったところで、なにかが変わるわけでも仕事がやりにくくなるわけでもないこともわかった。若いころは人脈を広げることも仕事のうちだったので、必要な時間だったのだろう。

仕事に限らずご近所、ママ友、趣味の仲間、親戚、お付き合いは生きている分だけ広がる。〝付き合いのいい人〟が、〝いい人〟の条件のひとつではないと、やっとわかってきてほっとひと息ついているところだ。

かつて　〝付き合いのいい人〟と思われたくて誘われればなんにでも参加していた。
いま　誘いを断ったところで人間関係が変わるものでもない。

どうしても合わない人に

たとえばどうしても合わない人がいたとき、なんとか折り合いをつけて仲良くしようと誰しも努力する。

我が子がそのような人間関係に悩んでいたら、「自分にも問題があるかもだし、お互い様。相手のいいところをみるようにしよう」などと助言しがちだ。

ネットサーフィンで見かけた悩み相談のサイトで「どうしても合わない人がいたら、信じている神様が違うと思ったら楽になれますよ」というカウンセラーのコメントを読んだ。「人間は違って当然と言われても、気持ちがついていかない。でも、宗教が違うといわれれば、ああ価値観も違って当然だよねとすんなり理解できます」。

なるほどと、妙に肩の力が抜けた。

大人になればなるほど、仕事など利害関係が絡んで人間関係は複雑になる。「あの人とは信じている神様が違うのだ」と思ったら、「その宗教は嫌いだからあの人も嫌い」とはならない。根本のところで信じているものが理解できないのならどんなに努力してもしょうがない、自然に距離を置こうと思える。相手の人格を徹底的に嫌いにならずにすむところがいい。

この話を知り合いの編集者にしたら「私はお気に入りのラジオ番組でイライラを解消してます」と教えてくれた。パーソナリティが読者のストレスに独特の対処をするらしい。「リスナーのうまくいかないことやストレスを感じたことを、〝全部低気圧のせいですね〟〝全部月曜日のせいですね〟などと〝お焚き上げ〟するコーナーで、おもしろいんですよね〜。私たちって〝うまくいかないのをなにかのせいにしてはいけない〟って、思いがちだなあと。でも、月曜日だもんね〜、低気圧だからね〜って言い合えたら、なんだか笑って済ませられるような気がして。それって平和でいいなって思いませんか」。

思いつめたからといって、いい結果になるとは限らない。むしろその逆のほうが多い。自分の怒りやストレスやこだわりをうまく逃がす。上手に手放したり、自分を上手になだめることができる人に憧れる。まだまだ修行が足りないのだけれど。
いや、修行なんて思うから息苦しくなるのだ。自分や誰かを責めるのではなく、気圧や月曜日や信じている神様のせいにするくらいが楽ちん。そういうなだめ方をひとつでも多く持っている人がじつはいちばん強いのだ。

かつて　問題が起きたらすぐ解決しなければ、相手を理解しなければと必死になっていた。
いま　ある年齢を過ぎたら、どうにもならない人間関係は逃げても諦めてもいい。それより、わだかまりの手放し方を体得したほうが得。

母へ、二十余年ぶりの告白

二年前、長男が入籍した際すかさず実家の母から「知人から預かったご祝儀をあなた宛てに送るね」と電話が来た。

ああ、またかと気が滅入った。本来、息子の家宛てに送るべきだ。母は「まずは母親のあなたからお礼を先方に伝え、それからお金を息子に渡しなさい」と言う。母のなかでは順番が決まっていて、そのとおりにしないと許さない。

二十数年前もそうだった。息子を出産した折、親戚からのご祝儀について細々とした指図をされ、閉口した。言い返したらもっとヒステリックになる。私が幼いころは手も出た。言いつけどおりにするまで、しつこく確認をたたみかける。

あのやりとりを、二十数年経ったいま、息子の結婚で母親の私がやらされるのかと思ったらたまらなくなった。いま言おう。陰で悪口を言うのはもう嫌だ。私はいったんおとなしく切った電話をかけ直し、心の奥にしまってあった不満をぶちまけた。

「そういう指図が二十年前から嫌だった。こちらもいい歳の大人なので任せてほしい」。

あっという間に言い争いになり、物別れで終わった。積年の思いを言葉にできた大きな快感があった。

しかし、そのあとじわじわと後ろめたさがシミのように拡がっていった。老い先短い親相手に、なにをやっているんだろう。母にもしものことがあったらあれが最後の言葉になってしまう。母も私も、人はそう簡単に変われない。わかってもらおうとは思っていない。では、自分はどうしたかったのか——。突き詰めた末に気づいた。私はただ〝伝えたかった〟だけなのだ。

翌日、おそらく人生で初めて母に「言いすぎてごめんね。お母さんに悪気はなかったね」と詫《わ》びた。「そんなふうに思っていたなんて知らなかったし、私にはおぼえがない」と繰り返されたが、その声は前日よりはるかに力がない。もういいのだこれでと思った。

自分の怒りや悲しみが「ちゃんと伝わったか」は関係ない。「伝えた」「言い切った」という事実が、自分の心をとかしてくれた。だから、もういい。

子育ての道程で、気をつけているつもりなのに、親に言われて嫌だった言葉を子どもにぶつけてしまい、ぞっとすることがある。それは、幼いころのみ込んできた言葉が痛みとなり、違う場面で出てしまったのだと私は解釈している。

痛みを当人に言葉で伝えることは、心の繕いに効く。実際私がそうだった。

ただし、誰との別れも突然やってくる可能性があると学んだコロナ禍はとりわけ、それが最後の言葉になってもいいのか、よくよく自分に問いかけねばならない。もっと穏やかな伝え方がないか、推敲や言葉の吟味は大事だ。

育児の悩みにエッセイで応える女性誌の連載で、「親にされて嫌だった言い方や怒り方を子どもにしてしまい落ち込んでいる」「自分を責めてしまう」という便りをよくもらう。私は、真に理解されなくても、嫌だったことを伝える作業だけは試みてほしいと伝える。重い荷物の一部くらいは、おろすことができるかもしれないからと。

かつて　親にされて嫌だった叱り方を子どもに再現するのではと不安だった。
いま　痛みを言葉で伝えることが、心の修復になった。

愛情は巡り、上書き更新できる

歳を重ねるにつれ、母とのわだかまりについて考えることが増えた。年老いていく親をまのあたりにし、このままで別れを迎えるのは良くないと本能的に思うからだろうか。両親は長野の実家でいまも元気に暮らしている。子どもが幼いころは毎月のように上京して子育てを手伝ってくれた。にもかかわらず、いまだにもやもやしている自分にジレンマを感じる。なんとかしたいともがき続けるなかで、気づくこともある。

前述のとおり、幼いころから母が少し苦手だった。感情的な性格が、似すぎているからだろう。帰省すると三日目くらいには小さな口喧嘩が勃発してしまう。いい歳をした大人なのに、情けないと思う。

母は小言が多く、長い。たとえば朝食で味噌汁椀を持つ手が滑り、こぼしてしまうと、食事を終えるまで小言が続く。その後、なにかをこぼすと「あのときもそうだったけど」と始まる。

自分が親になったら、絶対に注意は短く切り上げようと心に誓った。また、子どものやむを得ない失敗は絶対に責めまいと。

自分も親になり、一男一女を育てる折々の場面で母に言われて嫌だったことを子どもに繰り返しはしないかと、ときおり不安が頭をもたげた。

仕事に育児に余裕のない新米母時代は、とりわけイライラの連続だった。感情に任せて叱り、はっと我に返ることもしばしば。母と同じ言い回しや口癖が出ている自分に気づいては落ち込むのだった。

そんなときは、せめて叱ったあとにつとめて気分を変えて接するようにした。小言はここでおしまい、と区切りをつけるように。せめて、小言を引きずらぬよう。過去の失敗を引っ張り出してこぬよう。ひとつのミスを長く注意し続けたからといって効果があるわけではないことを自分がいちばんよく知っている。

娘が小学校二年か三年のころ。

作文に、「お母さんは怒ってもすぐ機嫌が直っているところがふしぎです」と書かれていた。四歳上の息子に「私ってふしぎ?」と聞くと、「怒った五分後に、けろっとして全然別の話をしてくるから、この人大丈夫かなと思うことがある」とのことだった。

そうか、ふしぎか。少し嬉しくなった。母に似ている自分はすぐかっとなったあと、いつまでも引きずりがちだ。それをぎりぎりなんとかふしぎな対応でカバーできているとすれば、上出来ではないか。

小言はスパッと短めに切り上げ、間違ったことは注意するが、それはそれ、これはこれと、けじめをつけたい。勢い余って人格全部を否定するようなことだけはしたくない。とはいえ、親としてはまだまだ駆け出しだ。子どもたちからしたら妙に見えても、それが未熟な自分の精いっぱいの行動だったのだと思う。

そのときふと、私は自分がしてほしかったことを子どもにすることで、幼いころの自分を繕っているのかもしれないと思った。幼いころは言語化できなかったけれど、「こうしてほしい」「そういう言い方は傷つく」という心の奥にしまっていた思いや願いをそっと取り出し、うんうんそうだったよね、悲しかったよねと抱きしめ直してあげるような……。

子を育てているつもりだったが、どうやら子どもに私の心を育ててもらっても、いたらしい。人を育てるという作業は巡り巡って自分に返ってくるんだと、ふしぎな気持ちを噛みしめる。

息子は二十四で結婚、娘はもうすぐ大学を卒業する。〝卒母〟もすぐそこだ。

夫婦でリモートワークが多くなり、大学が休校の娘と家事分担について三人で話し合っていた昨春、彼女に問いかけられた。

「家事の話をしているのに、どうして私がいま怒られてるの？」

いつしか、学校が休みならもっと早く起きなさい、だいたいあなたがいちばん時間があるんだから、そういえば就活はどうなっているのと、話がそれていた。理不尽な小言に対してまっすぐな言葉で聞き返す娘に、ああ、これは私が幼いころ母に言いたかったことだと思った。どうしてあのとき言えなかったのだろう。でも一体どんなふうに言えばよかったんだろう。考えるのをやめて私は言った。

「そうだよね、ごめん」。

また、早朝仕事で外出する直前にバタバタしながら、「洗濯物を取り込んでおいて」「掃除しといて」「宅配便が……」と、寝ている娘に矢継ぎ早に用事を頼むことがよくある。「起き抜けに次々用事を指定されるとげんなりする。前の晩とか、もっと前に言って」と言われた。家事は平等に家族で分担すべき義務であり、本来は言われなくてもやるべきだと、私は返した。

娘は半分納得していない顔でむくれていたが、中高生のとき、私も全く同じように感じたのを思い出した。同じ家事を言いつけるのにも、タイミングや言い方で、やる気って全然変わるのにな、と。

あのとき母にこんなふうに率直に言えばよかったのだ。そうすれば、母もいまの私のように「それも一理あるな」と、共感したかもしれない。いや、もしかしたら母も、自分の子ども時代の不満を思い出したりしていたのかも……。

考えているうちに、くすりと笑いたくなった。みんな昔は子どもで、新米母で、イライラもすれば、失敗もある。

私が言えなかった「なぜ」を、いま娘が代わりに言えたのだからいいじゃないかと、なにかがゆるゆるほどけていった。こんな経験を繰り返していったらそのうちわだかまりは消えるだろうか。

息子は、進学や就職など人生の大事なことが決まるたび、すぐに私の父母に報告をしていた。ガールフレンドとの交際も浅いうちから紹介し、交換留学のときはWi-Fiがあるところを見つけては連絡をまめにしていたらしい。彼が母とスマホやビデオ通話するのを傍らで聞いていると、「ありがとう」という言葉が、じつにたくさん出てくる。

私は母に、そう言ったことが何回あっただろうか——。

あんなに何十回も上京してもらい、子守をしてもらったのに。こちらが助けてもらっているのに、長野に戻るとき「おいしいものを食べなさい」とお札をティッシュに包んで手渡された。冷蔵庫には手料理の容器がぎっしり並んでいた。それなのに、わたしはありがとうと、あの子ほど伝えてきたろうか。

どこの祖父母もそうであるように、実家の両親も孫との会話がなにより嬉しそうだ。

私は礼ひとつ言えないだめな娘だが、言えなかった「ありがとう」を、代わりに子どもたちが言ってくれている。できなかった孝行を返してくれているからどうにかプラマイゼロにならないかと都合のいいことを考えている。

三年前、父の傘寿、母の喜寿の祝いに、子どもたちの発案でサプライズのパーティを開いた。料理屋の個室に手作りの飾り付けをし、私の妹一家も呼び、それぞれプレゼントを父に渡した。

プログラムを作った娘から、「最後はママが書いた手紙を読んで」と頼まれた。

私は思いきって五十三年分の「ありがとう」を詰めこんだ。

朝六時、子どもの発熱で保育園に預けられず、弱りはてて父母に電話で泣きついたとき、特急あずさに飛び乗って昼前には子守に駆けつけてくれてありがとう。

帰省のたび、愛情いっぱいの料理で出迎えてくれてありがとう。

傘寿と喜寿を皆で祝えるくらい元気でいてくれてありがとう。

そして、たくさんのありがとうをいままでうまく言えなくてごめんなさい。

読み始めたら、涙で顔も音読もぐしゃぐしゃになってしまった。

やっとありがとうを伝えられたなと思ったら、涙が止まらず困り、途中から娘が代読した。

こじれたり、糸が絡まりかけたり、もうだめかなと思っても、毎日自分なりに精いっぱい目の前の家族を慈しんでいたら、やがて、「ありがとう」も「ごめんね」も、つまりは愛情というものが、巡り巡っていつか返ってくる。

　二十数年間子育てをしてきて、ようやくそんなことがわかってきた。気づいたころには子どもは巣立ってしまうのだけれど、せつなく思わなくていい。

終わりのない私と母の絆のように、愛情はいくらでも上書き更新できるから。


――かつて　家族のわだかまりを諦めていた。

――いま　愛情はいろんな形で巡り巡って返ってくると信じられる。

悔い残る忘れ物

今度は〝ありがとう〟が間に合わなかった苦い経験を書きたい。

京都で小さな工場を営んでいた義父は五年前に体調を崩し、入院数日で急逝した。飲食店で隣り合った人など誰にでも陽気に関西弁で話しかけ、私の結婚式は若者に混じり三次会まで参加したツワモノである。相手が誰であろうと歯に衣着せず、なんでも思ったことを言うことでも親戚界隈では有名だった。

義父が用事で上京し、初めて新居に泊まった日のこと。結婚したての私は、なんとかできる限りのもてなしをと張り切り、食卓いっぱいに料理を広げた。そのとき自分でも、最後の里芋の煮っころがしは余分だなとはちらっと思った。でも私の故郷では、食べきれぬ料理でもてなすのが流儀。喜んでもらえるはずと思っていたら、義父が顔をしかめた。

「なんでこんなぎょうさん作るん？　食べきれへんのに。もったいないやん」

正論とはいえ傷ついた。

一事が万事そんな調子で、よく言えば裏表がない、悪く言えば忖度しない。私の仕事や著書についても、なにも言わないので興味がないのだろうと思っていた。

あるとき、京都の義妹が電話で、地元の書店が潰れたという話のついでに言った。

「お義父《とう》さん困るだろうな。あのお店でいつもお義姉《ねえ》さんの本十冊単位で買って、近所や工場の人に配ってたから」

私は息をのんだ。そんな話は誰からも聞いていない。直接「ありがとう」と言うつもりでいたその年、義父は倒れ、あっという間に逝ってしまった。

気がねなく話せる義父のことは好きだったが、忖度をしない場面でけむたいときがあるにはあった。だが彼がそうであったように、人は自分が思っているよりずっと多面的で、すべてを言葉にしているわけではない。家族ならわかりあえると思いがちだけれど、家族だからこそ言葉が欠け、理解しそこなう。そう気づいたときにはもう「ありがとう」が間に合わなかった。後悔をいまも胸に抱いている。

かつて　人の一面を見て、どうせわかってもらえないと決めつけていた。
いま　人は自分が思っているよりずっと多面的だ。

ミスを許す粋な言葉

飲食店で働く友達が近所のビストロで、同業者と食事をしていた。相手が誤ってワイングラスを割ってしまった。備品の損失が店にとってどれだけ痛手か身に沁みている彼らは平謝りで、「弁償させてください」と申し出た。

店主はニコッと笑って、答えた。

「あ、それちょうど捨てるとこだったから」

「いいですよ」でも、「気にしないで」でもなく、ジョークで返されて本当にしびれましたと、彼は眩《まぶ》しい表情で教えてくれた。

「気にしないで」と言われても割ったほうは引きずるし、気づまりなものだ。

接客業のふたりは、店を出たあと「自分が逆の立場に遭遇したら、次は絶対ああ言おうな」と誓いあったらしい。

弁償を求めないどころか、その後の食事が気まずいものにならないようにという店主の気遣いに、その場にいない私までしびれた。

器には苦い思い出がいくつもある。私は昔から粗忽なので、幼いころよく割った。注意力散漫が大きな要因だが、左目が先天性弱視のため器の左側に隙間や危険物があっても気づかず、ガシャンとやりやすい。

器道楽の母に、そのたびひどく叱られた。いわく、どうしておまえは毎回そんなに注意力がないのか、うっかりにもほどがある、と。視力のために左に置くときによく割れると自分で気づいたのは、大人になってからなので母の小言もやむを得ない。

ただ、どんなに気をつけても割ってしまうので、世の中には頑張ってもどうにもならないことがあると思った。だから少なくとも自分が親になったら、故意でない器の粗相だけは叱らないようにしようと心に決めていた。

もうひとつ、自分が親に言ってもらいたかったひと言を、必ず先に言おうと思った。それは「大丈夫？　怪我はない？」である。

果たして二児の母になった。

あのときの私ほどの確率ではないが、子どもが割ることはままある。そうなったとき私は必ず最初に「大丈夫？」と聞くのが癖になった。

娘が四歳ごろのこと。

台所で私が皿を割ってしまった。部屋で遊んでいた娘はすかさずこう叫び、駆け寄った。

「ママ、大丈夫？　怪我しなかった？」

思わず、涙がこぼれそうになった。

雑で、忙しくて、十分かまってやれていない私の子育ては、三歩進んで二歩下がるの連続だったけれど、失敗を責めるのではなく、まず相手を気遣う人になってほしい。その願いはどうにか伝わっているのかもしれないな……。小さな自信が芽生えた瞬間である。

だからといっていま、他人のミスをすべておおらかに受け入れられるほど、我が子も私もまだまだ成長しきれていない。器の対応は、あらゆる場面で応用できるはずだ。

ビストロでの粋な話を聞いて、そんな忘れかけていた記憶のかけらがよみがえった。店主に、私からもお礼を言いたくなる。

かつて　頑張ってもどうにもならないことが世の中にはあると知る。

いま　ミスを許すこと、相手を気遣うことの両方ができる人間でありたい。

たたきつけた人参

私の子育てはついカッとなることの連続だった。零歳から保育園に預け、母になりたてかつ独立してライターになりたて。それまで終電帰りの毎日で、家事もろくにできない。本当にすべてが新米で未熟であった。

やっと育児と仕事のペースをつかめてきたなと思ったころ、第二子を出産。親業は、ひとり産んだから慣れるというものでもないと知る。〝二児の母〟は、初体験だからだ。

たしか長男五歳、長女一歳のころ。

いつものように保育園から三人で帰り、座る間もなく夕食の支度にかかる。子どもがグズグズわがままを言ったかなにかで、私はカッとして袋入りの人参をリビングの壁に叩きつけた。農家から取り寄せている土付きの人参で、ビニール袋に入っているから汚れないだろうと踏んでいたら（母はそこだけは計算が働く）、見事に中身が壁に飛び散った。珪藻土のくし引き模様の壁が災いし、細かい縞の間にメリメリと人参のかけらがめりこんだ。珪藻土を削れば赤は取れるだろうが、私は白い壁に浮く赤い点を、あえてそのままにした。

これは子育ての苦い傷。感情に任せて物にあたったおとなげない自分を、子どもの怯えた顔とともに胸に刻んでおきたかった。

その後も感情を抑えきれないことはままあったが、なにしろリビングの赤い点は目立つ。目に見える戒めがあると、少しだけ冷静になれる。おもしろいもので、子どもが成人したいまは懐かしい家族の記憶として、消さずにいる。

かつて　育児と仕事の間でもやもやがたまり、カッとなって物にあたることがあった。
いま　情けない失敗をなかったことではなく、あったこととして胸に刻んでいる。

きゅうりのような人

家族との付き合い方の話が続いてしまった。少し離れよう。

唐突だが最近、きゅうりの実力に魅せられている。

きっかけは京都に行くと必ず買うチャーシューだ。ガイドブックにも載らない小さな肉屋の、地元住民だけが知る名物である。スライスして、電子レンジで三十秒ほど加熱し、添付の自家製だれをかけて食べる。やわらかさ、旨味、脂の割合が絶妙なのだ。

しかし、取り寄せには対応していない。

そのため、久しぶりに入手した先日、私はなんとか少しでもかさ増しして長く味わおうと、山盛りのきゅうりの千切りを敷いて、その上に並べてみた。

チャーシューでくるりときゅうりを巻いて食べるとまあ、なんというおいしさか。

淡白でみずみずしいきゅうりに、脂身たっぷりのチャーシューの相性が抜群。とろんとした甘辛いたれが両方に絡み、チャーシュー単品で食べる何倍もおいしいではないか。

このときしみじみと、きゅうりとはふしぎな野菜だと思った。まるごと食べてもそれほど印象的な味ではないのに、薄く切れば切るほど、なにかに添えれば添えるほど、歯ごたえや存在感が際立つ。

みょうがや長芋など、この存在感に似た名脇役はたくさんあるが、きゅうりほど多様な食材に合う野菜はあるまい。けれども、トマトみたいに主役にはなりきれない。なにかに添えられて初めて輝く。同時に主役も輝く。

ところが先日、途中できゅうりが足りなくなってしまった。とたんにチャーシューの箸が進まない。チャーシュー単品で食べていたときはそんなふうに思ったことがないのに、きゅうりなしで食べたら味が濃すぎるというか、パンチがありすぎる。しかたなく私は、次のきゅうりを買うまで、残りのチャーシューを大事にラップで包み、冷蔵庫にしまっておくことにした。やみつきのチャーシューを残すなんて、いまだかつてない出来事だなあと思いながら、私は別のことを考えていた。

友達でも、仕事場でも、きゅうりみたいな存在感の人はいる。

小説や映画、演劇にもそんな登場人物が出てくる。他人を引き立て、裏方的な役割を務めながら、いなくなったとたん明らかに全体に影響を及ぼし、全体が精彩をなくしてしまうような。

若いころはなんでも中心になりたがったが、年齢を重ねるときゅうりみたいな人の存在感が気になり、惹かれ始める。誰とでもそつなく付き合えて、でしゃばらず、さりとていないとみんなが寂しがる。サウイフモノニ、ワタシハナリタイ。

──かつて　中心で輝く人に目がいき、中心で輝くことを目指したくなる。
──いま　いると目立たないが、いないと寂しい。みんなが困る。そういう存在の輝きを尊く思う。

見事なギフト

大人になれば自然に贈り物が上手なセンスのいい人になれると思っていたが、予想が外れた。つい予算から入って、みばえのするものやブランドなどの記号に頼ってしまう。必要なのはさりげなさ、相手を思う気持ちとよく言われる。そのとおりだが、これがじつに難しい。

あるトークイベントのあと、担当者と雑談しながらそこに置かれていたビニール製のユニークな形の布雑貨を「これはどう使うのですか」と尋ねた。じつは花器だという。ほんの一〜二分。彼女はごった返すイベント客の対応をしながらの、一瞬の会話だった。

十日ほど経たころ。簡易な包装の郵便物が届き、開けるとそれがふたつ入っていた。ああ、あのときの。胸の奥がふわっと温かくなった。「よかったです」と何度か来場者に言われたが、自己肯定力の低い私はつねに懐疑的だ。しかし花器を見て、本当に喜んでもらえたのだなあと、素直に嬉しくなった。謝意のこんな表し方もあるのか。

贈り物の思い出がもうひとつある。

原稿の締め切りで半徹夜が続いた初夏の朝。近所の女友達と別の用事でメールのやりとりをしていた。朝食を作り、家族を送り出した午前十時前。彼女からメールがもう一通来た。

『二十分だけ私に時間をちょうだい。仕事のお邪魔はしないから。お茶を淹れに行くね。一息ついて』。

日本茶インストラクターの彼女は、まもなく三煎分の茶葉を小分けに携えやってきた。我が家の急須で最後の一滴まででていねいに緑茶を淹れる。はあーっと深い息がもれる。自分のためだけに淹れた茶を飲むのは何カ月ぶりだろう。「新茶だよ。ひと冬分の栄養がつまっていまがいちばんおいしいよ」という言葉にはっとした。締め切りに追われ、そんな季節であることも忘れていたのだ。

肌も体も心も、澄んだ萌黄色にほどけてゆく。あと二煎分あるからねと、小さな包みを置き、本当に二十分で帰っていった。
一杯のお茶が、百の励ましより力になることがある。同時に、休息の大切さも、さりげなく教えられた。時間をちょうだいと言われたが、贈られたのは私だった。

―かつて　さりげないことが難しい。
―いま　さりげなく粋な贈り物ができる人になりたいがやっぱりなかなか難しい。

傲りと許容量

娘が大学一年のとき、春休みを使って二カ月半の泊まり込みの演劇ワークショップに参加した。それだけ長く親元を離れるのは初めてだ。参加者は社会人が中心で、自分の表現力の稚拙さに、乏しさに落ち込むことも多々あったらしい。

帰宅後、こんなことをつぶやいていた。

「自分の許容量のなさは、傲りからきてたって気づいたんだ」

わがまま放題に育った人間でも、外に出るとこんなことを言い出すようになるのかと驚いた。うんうんそれで？　と、平静を装いながら聞くと、あらましはこうだ。

どうしても苦手な講師がいて、なぜほかの人は気にならないのだろう、自分はなんて心が狭いんだろうと悩んでいた。あるとき二十七歳の参加者に、元気がないねと声をかけられた。思いきって正直に自分のとまどいを話すと、彼は言った。

「僕は君のように大学で、美術や芸術も学んでいないし、演劇に関してなにも知らない。だから自分よりものを知っている人に教えてもらえる、それだけでありがたいなあって思っているよ」

娘は、はっとした。自分は演劇を知っているようなつもりになっていて、あの人のこの言い方が嫌い、この人は苦手と上からの目線で、無意識に区別をつけていた。自分はものを知らないという謙虚さがなかったから、許容量が小さくて、受け付けられなかったのだと。最後に彼女は、こう言った。

「ねえママ。傲りは許容量の邪魔をするね」

〝自分はそんなことぐらい知っている〟と思っている人と、〝自分はなにも知らない〟と思っている人とでは、同じ知識を得ても受け止め方の深度が変わる。

どんなコミュニティにも自分と水の合わない人、苦手なタイプの人はいるものだ。その原因は本当に相手だけにあるのだろうか――。思わず自問自答をする。

要するに、謙虚でない人は損をするという話である。

十代のやわらかな心に触れ、硬くなった自分を繕う機会になった。

かつて　人より知っていることは、えらいと思っていた。

いま　知らないので教えてくださいと言える人こそ素晴らしい。

ご近所仲間の距離感を育てる

二十一年前、知り合いがいない街でコーポラティブハウスという集合住宅建設の募集があると知り、参加した。自由設計、入居前から住人同士が建設組合を結成するため親しくなれる。おまけに営業マンやモデルルームがないため、低コストも魅力だった。

実際暮らしてみると、初年は生活音の問題で意見が割れたり十年後は修繕積立金が値上がりしたり、予想外のことはあれど、その何十倍何百倍も楽しく、住人との絆に救われ支えられた。

子どもの預かり合いから持ち寄り宴会、子どもの誕生やペットが加わると名前をメールで知らせて皆で喜び合う。先日、息子の結婚式に同じマンションの幼馴染みが出席したときは、とりわけ感慨深いものがあった。

この住まいでなかったら、私はあんなに早くこの街での暮らしを楽しめていなかった。なにしろ一気に十二組の夫婦、二十四人の地元友達ができたのだから。

宴会や屋上バーベキューなどのイベントは、十年目くらいから自然に減っていった。かといって疎遠という感覚はない。遠すぎず、近すぎない距離感が育ち、なにかあれば助け合う空気が自然に醸成されているからだ。

たとえば震災時にはすぐ共益費から捻出して防災の勉強会を開いた。ほぼ全員が参加し、有事の行動を話し合えた。防犯マニュアルは別の住人が自主的に明文化し、パウチにして配布してくれた。手作りのそれは新しい住人に入れ替わるたび、引き継がれている。

第二子を出産してから働き出したママ友が育児と家事に四苦八苦していたときは、「この子が中学生になった年に、ふたりでパリ旅行をしよう。その日を目標に頑張ろう」と約束。十二年後に夢は叶った。「ママ業いったんお疲れさん」と初日、モンマルトルのカフェで乾杯した夕方は忘れられない。彼女は子どもを置いて海外旅行をするのは独身以来とのことで、本当に嬉しそうだった。これから互いに始まる思春期の難しい育児も、新たな気持ちでもうひと踏ん張りしようと励まし合って乾杯した。同じマンションでも互いに忙しく、しょっちゅう会えるわけではないが、苦もなく旅を楽しめる距離感は十分育っていた。

ご近所の付き合いは一生続く。詮索しないけれど遠くで見守っているという距離感は得難い宝だと歳を重ねるほど実感する。きっと若いころより老いたほうが、ご近所仲間は大切な存在になるだろう。一緒に歳をとっていく仲間であるという認識が、どこかに忘れずにあれば〝見守り合う〟意識は育つ。

子どもが生まれる息子夫婦の帰省時の手狭感や、老後の修繕積立金の負担を考え、私はもうすぐコーポラティブハウスを離れ、戸建てに移り住む。「ショックで悲しいわ」と嘆いてくれた住人に、「徒歩十分だから。ずっとこの街にいるからお付き合いはこれまで同様よろしくね」と言ったら少しホッとした面持ちになった。付かず離れず、見守り合うお付き合いを育てることができたという自信があるから寂しくはない。

老後はもっと安い郊外にしてみてはと友達何人かから助言をもらったが、このコミュニティの心地よさを知らない人には説明が難しい。都会では稀有なこの付き合いを断ちたくなくて、新住居も近所限定で探した私には。

かつて　子どもが小さいころは頻繁に持ち寄り宴会をして交流を図っていた。
いま　詮索しすぎず、無関心すぎずの絶妙の距離感が育っている。

四章　自分を養生する

若くもなく、かといってベテランでもないころ、目の前の課題に必死で
自分のことはいつも後回しだった。
肌、髪、体、食、心。
人生後半を健やかに生きるために
いまはもう少し、自分自身を養生してあげたいと思っている――。

頑張らないことのほうがずっと難しい

アメリカの原爆開発学者についてのノンフィクションを書いていた二〇一七年、初めて円形脱毛症になった。筆の未熟で締め切りを何度も延期してもらい、もう絶対に後ろに押せなくなり、毎朝四時ごろまで。それがひと夏続いた締め切りの朝、原稿送信後に顔を洗ったら頭頂部に四センチ大の脱毛を見つけて息をのんだ。髪をかき分けると大小の円がふたつ。ひと晩で脱毛するはずはないわけで、全く気づかなかったことにもぞっとした。

精神的にも肉体的にも追い詰められた、思い出すだけでも胸の奥が苦しくなる日々。満月のような見事な円を見て、体が悲鳴を上げていたのを初めて自覚した。

体は、命に別状のないところから最初に支障をきたすときいたことがある。脱毛症や吹き出物など最初に皮膚。次に目や歯、心、そして内臓というように。頭皮も皮膚の一部だ。

なるほど私の体は生理に忠実らしい。
二、三十代のころはもっとハードな働き方をしていた。出産と同時に編集プロダクションからフリーライターに独立したので、仕事をもらえることが嬉しく、来る者拒まずでやった。すると、子どもを寝かしつけたあと朝方まで書く生活になった。新聞配達のコトリという音を聞きながら三時間ほど寝る毎日。これでは倒れると思い、夜九時に子どもと一緒に就寝。三時に起き八時まで執筆するスケジュールを編み出して、少し持ち直した。
あんな生活を乗り越えられたのだから、まだまだいける。そう過信した結果が円形脱毛症だったのである。そのくらいですんでよかったといまは思う。取材時は相手に断わって帽子をかぶったままインタビューをした。生え揃うのに一年半かかった。どの美容師にも異口同音に言われたのは、「円形脱毛症の方のほとんどが、寝ていないとおっしゃいます」。

極端な睡眠不足が要因というわけだ。

それほど気を使わなくても健康だったという人ほど、体の変化に気づきにくい。もともと体が弱ければ、とりわけ注意を払って養生する。そうでない人はダメージを受けてから、ああと気づく。若いころ無理しても乗り切れてしまったら、その実感を根拠にまた無理を重ねる。しかし、四十代を過ぎると同じようにはいかない。必ず体のどこかが悲鳴を上げる。

わかっていても人はつい無理をする。期待されたら頑張ってしまう。頑張るのも百点取るのもいいことだと言われて育ったけれど、ある年齢からは、〝自分の体ファースト〟が望ましい。きつかったら休む。できないと言う。苦しいので改善したいと申し出る。そうしないと自分の体を壊すだけでなく、結果的に周りにも迷惑をかける。

「無理をしないで」「頑張りすぎないでね」。よく使われる言葉だが、そのまま守れる人はどれくらいいるのだろうか。この世の中、じつは頑張らないことのほうがずっと難しい。中堅やベテランと呼ばれる世代ほどそうだろう。

一日でも長く書く仕事をし続けたい私は、自分を養生することの大切さと同時に、頑張りすぎても体が悲鳴を上げなかったころとはもう違うのだと知った、あの朝の衝撃を忘れずにいたい。

——かつて　頑張りすぎても体は悲鳴を上げなかった。
——いま　頑張らないことのほうが難しいこと、もう少し〝自分の体ファースト〟で生きてもいいこと
の両方を知っている。

前菜勝負

年中成功しないダイエットをしている私は、平日の夜はあまり炭水化物を摂らないようにしている。大好きなビールと炭水化物を一緒に摂ると、胃もたれするようになってきたという残念な理由もある。

だからといって食事を簡素にするのはつまらない。

料理はむしろメインではなく、いかにおいしい前菜レシピをたくさん知っているかが勝負ではと、最近思い始めている。外食でも前菜がおいしい店は、それだけで幸せな気持ちになれる。あの〝ちょこちょこと〟いろんな味が揃ったところに満たされるのだろう。

家でも、居酒屋や洋食のダイニングを真似て小さなおかずを複数作るようになった。どれも五分十分で作れるようなものばかりだ。

油揚げにチーズをのせて焼き、醤油と七味をふったもの。クリームチーズのおかかまぶし。たっぷりクミン入りスパイシーなキャロットラペ。茹で卵とブロッコリーの燻製マヨネーズ和え。皮むきプチトマトのポン酢マリネ。万願寺とうがらしとジャコの炒め煮、豆腐にキムチ納豆トッピング。書くほどでもない前菜が、それぞれは地味なのにけっこう食卓に彩りを添えてくれる。あとは肉や魚料理のメインが一品あればだいたい満足できる。

かつて、料理という言葉から想像するのはつねにメインディッシュだった。今日はなにを作ろう。ビーフシチュー、ラザニア、大根と手羽の煮込み……。まず大皿のメインを考え、付け合わせは冷蔵庫にあるもので適当に。

ところがいつからか、付け合わせがたくさんある食卓のゆたかさに関心が向くようになった。メインを一品作るより、いまある食材でぱぱっと二、三品作れたほうが贅沢な気持ちになれる。季節の恵みをふんだんに使えるともっと嬉しい。旬の野菜を五分でこんなおいしい副菜に変身させたぞという自信が、料理に新しいやりがいをもたらしてくれている。

どんなにおいしくても、毎日ハレの料理は食べられない。気の利いた、季節の小さなおかずをたくさん作れる人が本当の料理上手ではあるまいか。

——かつて　私にとって料理本はもてなし用メインディッシュのレシピを見るためのものだった。

——いま　旬の食材を何種類もの小さなおかずに変身させるほうに興味がある。常備菜をテーマにした料理本を好んで繙《ひもと》くようになった。

初めてのダイエットプチ成就

十代からありとあらゆるダイエットに挑戦してきた。戦績は百戦ゼロ勝。なにをやっても続かなかった。

それがひょんなところから風穴が空いた。

四年前、雑誌の企画で〝ダイエット外来〟なるものを体験したのだ。ビフォア・アフター用写真のぶざまな姿も恥を忍んで晒し、食事日記も公開した。そうでもしないとこの長く実らぬ挑戦に終止符が打てないと勇気を振り絞った。

雑誌の企画なら医師も、締め切り日までに短期でぎゅっと痩せる魔法をかけてくれるだろうと勇み足で乗り込んだら、まず血液検査をされた。なんだすぐ指導を始めてくれないのかとじれったかったが、二週間待って結果を聞きに行った。するとコレステロールや中性脂肪が異常値であるうえ、血圧がひどく高いという。

「昔なら入院しているレベルです。いますぐ減塩してください。降圧剤を出します。コレステロールを抑え、低エネルギー、高タンパクの食事に切り替えて。野菜と食物繊維をたっぷり。週二日は休肝日にしてください」

と言い渡された。

「先生、二カ月後の雑誌にアフター写真を載せなければいけないんですが」

「無理です。血圧を正常値にするのが先です。ダイエットより健康が大事だ。アフターの撮影は五カ月後で」

ついた診断は高血圧症と脂質異常症。プロの力で楽して早く痩せようとしていた私は、予想外の結果に、診察室で小さくなった。

それから三十分以上かけて医師は脂質を抑えるレシピのコツや、外食の選び方、食べる順番、一日のコレステロールは二百ミリグラムまで、ちなみに卵は一個二百九十四ミリグラムですと縷々《るる》説明をされた。料理は醤油やドレッシングをできるだけやめてレモン、酢、だし汁で。「どうしても仕事の打ち上げで飲み会があるときは、参加する前に水を一リットル飲んで行きなさい。僕は医師会の集まりはいつもそうしてる。するとワイン二杯でも満足する」という自ら実践しているアドバイスまで。飲み会前の飲水は守れなかったが、医師の言葉はすべてが金言で、診察というより食の学校のようだった。雑誌だからではなく、ふだんからどの患者にも血液検査後は三十分とって指導をしているという。薬を処方するわけでもないし、これで儲けになるのか。「なぜ、患者にここまでていねいに説明するのか」と尋ねた。

麻布に院を構える医師は、昔から近隣の会社の健康診断を引き受けてきたという。そこで虚しさとジレンマを感じたそうだ。

「検診結果を渡してコレステロールが危険な数値ですよ、このままでは心筋梗塞や脳梗塞、動脈硬化になりますよとどんなに警告しても、その後は本当に病気になるまで来院しない。生活習慣病を指摘されているうちに気をつければ大病を防げるのに、と医者としてジレンマがあった。それであえてダイエット外来という看板を掲げて、未然に食事指導ができるような診療を始めたのです」

痩せようと軽い気持ちで来た人が、血液検査をきっかけに生活習慣病に気づき、痩せるだけでなくトータルで健康になれる。治療でなく、習慣を変えて病気を防ぐための診察を専門にしてもらえる病院は、日本ではまだ少ない。定期的に通い、血圧を測り食生活を報告、年に何度か血液検査をする。いわば食生活チェックのための人間ドックのようなものだ。

結果、減塩とコレステロールカットで撮影までに半年で六キロ落ちた。以来三ヵ月に一度のペースで通い続けている。冬になると血圧が高くなり、夏は下がること、忘年会シーズンから一月の中ごろまでいろんな数値が急上昇し、二月から春にかけて落ち着く食生活の癖もわかった。体重は二年かけて三キロ戻ってしまったが、栄養素を気にしながら食べた半年間で、醬油の塩分や高コレステロール食品は自然に頭にすりこまれた。塩分がきつい味付けが苦手になったのは、あの半年間のおかげだ。塩味についてのセンサーが自分のなかに備わったのだと思う。

ダイエットをするつもりが、長生きするための食生活の基礎を学んだ。

七十歳のその医師はテレビに雑誌に引っ張りだこで、健康な食生活についての著書も多数。待合室はつねに満席だ。しかし、ダイエット外来という日本では聞き慣れない診療を始めた十二年前は周囲から訝しくみられたらしい。実際、高額な治療が施されるわけでもないので医療費は安い。生活習慣病を食事と生活行動で治すという地道で結果が見えにくい診療の良さが、長い時間かけてじわじわ人々に理解されていったのだ。

健康ってそういうことだよなあと、彼の診察を見ているとつくづく思う。特効薬などなく、なにを食べなにを食べないかという自分自身の選択力だけが頼りで、近道はない。減塩を心がけていたら、体重はゆっくり自然に落ちた。健康など二の次で、とにかく痩せたいの一心で、○○や××を食べるだけというさまざまなダイエットにトライしていたそれまでの私は、むしろ果てしない遠回りをしていたのである。

かつて　ダイエットの近道を探してばかり。
いま　がっちり健康と向き合うと、時間はかかるが自然に体重は落ちる。

月曜断食と尽きせぬ欲望

あたかもダイエットの成功者のように書いているが、前項の雑誌のアフター撮影を終え、厳密な食生活を緩めたら二年で三キロ戻った。減塩は気をつけられるが、コレステロール値の高い卵の入った料理や菓子に目がない。ケーキやシュークリーム、パンのように「黄色いふわふわしたもの」はだいたい卵が入っているので要注意と、医師に言われているのについ食べすぎてしまう。酒の適正量も守れない。

もう一度、トータル六キロ減の快感を味わいたい。なんなら八キロまでと欲望がふくらむ。

そこでトライし、いまも続いているのが月曜断食だ。月曜に不食、火曜から金曜は良食という野菜中心の食事、土日は美食というサイクルで進める。食べる分量や、朝はヨーグルトと果実、零時前に就寝など約束事が細かく定められているので、知りたい方は書籍『月曜断食』やネットで確認してほしい。私はこの方法でリバウンドしかけていた体重が落ちた。

最初の二カ月を厳密に行い、それからは月曜日に不食、平日はなるべく炭水化物を摂らないこと以外守っていない。外食や暴飲暴食が続けば増えるが、不食日を一日作るとだいたい元に戻る。なにをやっても続かなかった私が二年続けていられるのは、食べすぎてだめな自分を嫌いにならずにすむからだ。

振り返ると、食べすぎたり禁忌を守れず体重が増えたときに「ああまただ」「どうせなにやってもだめだ。また挫折する」と、自分に対してさじを投げていた。挫折してダイエット終了、また次の新しい方法を探すの繰り返しだった。

月曜断食も挫折はある。忘年会が続けば一日の不食で戻りきらないし、月曜に仕事で断れない打ち上げや会食もある。せっかく一日不食をしても、週末には前の週より増えていることだってある。そのとき「まただめだった」と自分を否定せずにすむ。不食すれば元に戻れるという自信が心のつっかえ棒になる。否定して終了か、食べちゃったけど来週月曜頑張ろうと前を向くのか。この違いは大きい。

　不食といっても、私はスープを飲んだり、硬くて噛みごたえのある豆乳おからクッキーをつまんだりして完全なそれではない。料理写真を撮るとカロリー計算を自動でしてくれるアプリで食日記をつけており、一週間トータルで見ると総合的にだいたい食べすぎている。そんなゆるい断食でも、一日やるとなんとか帳尻が合う。

　記録をつけると、半ば無意識に高カロリーかつ低栄養素の菓子などをつまんでいて驚くことが多い。そんなに食べていないつもりの日でも、じつはけっこう食べているとわかるのが食日記のいいところだ。

　月曜断食は、でこぼこ一週間ではみ出ただめな自分を、月曜日に引き算して平らにならすイメージに近い。火曜日の朝、体重計に乗ると体が小さく応えてくれているので気持ちが上がる。だが結局そのあと食べすぎて、日曜夜に少々反省をする。月曜振り出しに戻る。その循環で気づいたら、大きなリバウンドもなく二年が過ぎていた。ダイエット外来から数えると四年間、まあなんとかやれている。スリムには程遠いのでもう少し落としたいが、十代からあれやこれや試してだめだったことが五十を過ぎてようやくそこそこ実現できたのは、いかにして自分を嫌いにならずに持続できるかが、要《かなめ》だった。つまり、方法ではない。考え方の癖からの脱却が重要だった。

ただ、正直に告白すると月曜断食と三カ月に一回のダイエット外来の通院をしながら、心の片隅に一点だけ消えない違和感のシミがずっとある。

お金をかけて食べすぎて、お金をかけて病院に通い、一週間で足しすぎたカロリーを、一日断食という極端なやり方で引く。過剰がもたらすこの循環は真に健康的と言えるだろうか――。

かつて　ダイエットはなにをしても成功しないいため、自己否定する試みでもあった。

いま　失敗した自分を受け流すのが継続の鍵と知る。

前髪を二センチ切って見えた世界

長年通っている美容室を替えるのは、案外勇気がいる。私は五十代の初め、十五年ぶりに替えた。

きっかけは、たまたま耳にした仕事仲間の噂話であった。本棚の選書がいいという。美容室なのに本棚が充実しているとは気になる。腕もよく、少々風変わりな切り方をするらしい。行こうか行くまいか、直前まで自分でも驚くほど迷った。十五年、同じ店に通っていた安心感をなかなか手放せなかったのだ。

しかし、振り返ればいつも同じメイク、同じヘアスタイルである。長い間、自分にかまったり、身ぎれいにすることがあとまわしになっていた。仕事と子育てにいっぱいいっぱいで、それどころではなかったのが正直なところだ。

年齢も肌の様子も好みも変わっていくのに、メイクとヘアスタイルがずっと同じというのは寂しい。おしゃれをもっと楽しみたいと素直に思った。娘が高校生になったころ、やっと扉を押したのだった。

白い小さな一軒家で、窓から明るい光が差し込む。月曜の昼下がり。当日の急な予約にもかかわらず、オーナーに穏やかな笑顔で出迎えられた。

「今日はどんなふうに」

「えっと、おまかせします」

「いいんですか？」

「はい。ちょっと、自分を変えてみたいんで」

「わかりました。では、ここに立ってみてください」

等身大の鏡の前に立つと、やおら彼は前髪を眉毛の二センチ上くらいでぱっつんと切り落とした。前を一直線に切るのは中学校以来か。店に入って数分後の出来事にたじろぐ。

彼は、「バストアップの半身鏡の前で切ると、全体のバランスがわからない。人によって体型も雰囲気も違う。髪は、絵のように全身のバランスを見ながら切るべきです」と語った。そのため時折、店に画家を招き美容師全員でデッサンを学んでいるらしい。本棚にはさまざまな画集や写真集が並んでいた。

なるほど、噂通りちょっと変わった美容室だ。

椅子に座ってカットとブローをすべて終えたあと、彼は言った。

「絶対この前髪のほうがいいです。大平さんの意志が前面に出る感じ。きっとメイクも洋服も変わりますよ、これから」

それから通い続けている。予言通り、まずメイクが変わった。ぱっつんの前髪に負けないよう、目にポイントを置くようになり、そのバランスで、チークや口紅はやわらかめの色合いに。メイクアイテムをひとつずつ変えていった。

「雰囲気が変わりましたね」という周囲の反応に気を良くして、ファッションにも興味が湧く。あらためてクローゼットを見直すと、愛用のブランドが自分には似合わなくなっていた。選ぶ服が変わり、バッグや靴が変わり、アクセサリーも冒険するようになる。おそらく、それまでのメイクも前髪に合う合わない以前から、本当は似合わなくなっていたのかもしれない。毎日つけるものほど、ズレに気づきにくいものだ。

いまは、いろんなことにチャレンジすることが楽しい。赤いワンピースも、真っ青のパンプスも、大ぶりのピアスも少し前の私なら選んでいないアイテムだ。

脇目も振らず全速力で人生のトラックを走ってきた自分を、いたわりたくなった。家族ファーストでやってきた。これからはもう少し自分自身にかまってあげよう。そんな感覚が芽生えた。

いくつになってもおしゃれは冒険するほうが楽しいし、自分を変えることに臆病にならないほうが、人生はずっとおもしろい。十代のころは変化のおもしろさをわかっていたはずなのに、いつしか守りに入っていた。新しいことがすべていいとは言わないが、「いつも同じ」にはちゃんと疑問を持っていたい。それ、本当にいまの自分に似合っているか？似合っていたのは、少し前の自分じゃないかと。

かつて　新しいものを試すのが好きだった。
いま　変化より安心を選びがちに。変えたらヘアメイクもファッションもぐんと楽しくなった。

忘れられた体

最近まで、生まれてから一度もケアしていない体のパーツがあった。首だ。

毎朝洗顔時に必ず鏡に映る場所なのに、気にしたことがない。顔に近く、メイクをしても目に入るのに。おまけにタートルを着るときかマフラーを巻くとき以外、外気にさらされ続けている。同じくさらされている手はハンドクリームが多種あるのに、ネッククリームを買う習慣はない。五十年以上、私の首は素肌のまま頑張ってきた。その手入れの大切さに気づいたのは、やはり雑誌の体験取材であった。

ネック専門のエステサロンに行かせてもらった。顧客には女優やダンサーが多い。

「人目にさらされる人は首まで怠らないんですねえ」と感心していると、エステティシャンが笑いながら首を振った。

「いいえ、疲れているときでも首を手入れするだけで全体にシャンとして見える。うちは駆け込み寺でもあるんです。逆にどんなにお顔が美しい人でも、首に深いシワが刻まれていたり、はりつやがなかったりすると、てきめんに年齢より老けて見えてしまうんですよ」

顔や髪や栄養素のアンチエイジングばかり気にしていた私には目から鱗だった。同行の編集者は私よりいくらか歳上である。彼女がうなずきながら「私もそう思って四十代のころからやっと始めました」と言った。え、ネックケアってみんなしてるの？　と二十代らしき女性カメラマンに尋ねる。「あー、私も気づいたときだけですけどちょこちょこっと」。取材でいちばん驚いたのはこの瞬間だったかもしれない。四人中三人がネックケアをしていたとは。自分の無知とすぼらさに動揺した。

五分でできるシンプルなケアを三つ教えてもらい、いまも続けている。エステシャンの「複雑なことをやっても続かない。毎日五分で済むことが大事なんです」という言葉には含蓄があった。

そのうちのひとつがとりわけ好きなマッサージなのである。クリームを首に塗り、首の後ろの頸椎《けいつい》に親指以外の四本をあて、鎖骨の内側のくぼみに向けゆっくり三回なでおろす。右手で左の鎖骨に、左手で右に。首の前でクロスするときの手の所作がたおやかで、自分で言うのもあれだが、とても優雅だ。お疲れさんと、一日重い頭を支えた首をねぎらい愛おしむような優しい気持ちになれる。

見過ごしがちな体のパーツをケアするほんの数分が、自分をいたわり、養生していることを実感させてくれる。ボディケアは直接的な効果以上に、自分自身を大切にしようという心理的効果が大きい気がする。

たった数分で肌も心もケアできるならこんな素敵なことはない。

――かつて　顔、髪、手足。ケアの対象は部分的かつ目立つところだけ。
――いま　顔からつながる首、デコルテも怠りなく。年齢は首にも出る。

五章　育ちゆく日課表、住まいクロニクル

日々や人生の移ろいとともに、
あちこちアップデートしたり、テコ入れしたり、
修正しながら日課表は育ってゆく。
そして住まいも変化し、代謝する。

変遷する「朝家事、夜家事」

かつては、重めの家事を朝に、夜は〝怠惰な自分〟を受け入れて軽く、必要最低限で頑張りすぎないようにしていた。家事は、汚れた部屋が嫌なのではなく、〝できない自分〟が嫌なのだと気づいたからだ。さまざまな家事のアイデア――たとえば寝る前にさっと家のなかを片付けると朝が楽だとか、肉や魚を漬け込んでおくと翌日の料理に役立つなどなど――を真似たが、「今日はヘロヘロだし、パス」が続く自分のだめさ加減に落ち込みながら床に就くことになる。自己否定のまま一日を終えるのは嫌なので、もう夜頑張るのはやめようと決めたのである。

現在の朝家事は、洗濯物を干している間に自分の昼食の弁当、夕食の軽い仕込みをする。なにかの修理の電話や宅配物の不在処理、ネットバンキングを使った支払いなどをこの時間に済ませる。最後にルンバをセットして外出。夜家事は、夕食前に洗濯物を取り入れて片付ける。食事後に洗濯をして干す。台所を片付け、白雪ふきんを漂白して終了。

夜軽く朝重め、は変わらないが以前よりメリハリがついた。朝でも夜でも、やり残しが出たとき、〝今日できるのはここまで〟と線を引くポイントが明確になった。とくにいまは家の住み替え直前で、リフォームや不動産にまつわるメールの連絡ごと、確認事項が次々ある。だらだら空いている時間にやっていると、結局自分の時間がなくなる。あげく、とりこぼすと得体のしれない〝もやもや〟を抱いて寝ることになる。

家事をやらなければいけない作業項目で決めるのではなく、「あと三十分でできることだけ。こぼれたら明日に回す」と時間を限定し、わりきることでぐっと楽になれた。おそらく効率も上がっている。時間に関係なく全部やろうと無理をすると、できなかった自分にイライラし、精神的にも体力的にもいいことがないとさんざん経験している。

二章「台所の〝真っ白〟」でもふれたが、ある特定の作業で家事に区切りをつけると、一日も心にも緩急が付く。夕食の片付けの最後、汚れたふきんを真っ白にした後、もしなにかやり残した家事に気づいたとしてもやらない。漂白イコール私の自由時間始まり、という線引きが心地いい。いろいろできてなくても、「私はふきんを真っ白にしたのだもの」が砦になる。

つまるところ家事とは、すべてをやりきれなかった自分の気持ちとどう向き合うか、どう処理するかが、負担感を左右する肝なのだと思う。

朝、自分の弁当を作りながら、頭のなかで仕事の段取りを考え始める。「今日はお弁当タイムまでにあの校正を終えてしまおう」「午後はあの原稿を」。別のことを考えながら進める家事は、「面倒だな」という感情が入り込む隙がない。だから意外と早く終わる。

もとから私は、どう頑張っても家事を〝楽しむ〟という感覚を持てない。暮らしを維持するのに必要だからやるだけだ。家事を面倒くさいと思いながら歳を重ね続けている私は主婦失格ではないか、という想いが長い間拭えなかったが、いまは家族全員が平等に担うべきものと思っている。夫はかなりやるほうだが、絶対量はけっしてイーブンではない。予定では四月に娘が社会人になる。新しい家で、夫と彼女と三人でイーブンになるよう話し合いをしようじゃないかと意気込んでいる。さまざまなルーティンを設けてどうにかこうにかやってきたが、そろそろ誰かに託してもいい家事がたくさんあるのだ。

かつて　家事を楽しんでやれるときがくると思っていた。

いま　すべてをやりきれなかった自分の気持ちとどう向き合うか、どう処理するかが大事だ。

魔法の灯り

「あの洗面所で化粧すると、ちょっと美人に見えるから困るのよ」。

十数年前、長野の母が電話口で言った。私たち夫婦は、自由設計の集合住宅・コーポラティブハウスを東京に建てたばかり。夫婦ともに不規則な仕事のため、母は孫の面倒を見にたびたび上京してくれていた。何度世話になったかわからない我が家での宿泊後に、漏らした感想が冒頭のつぶやきである。

居室や廊下と同じく洗面所も白熱灯風のダウンライトにしたのが、母にとってはいけなかったらしい。あらが隠れて、肌がふわっときれいに映るというのだ。

よしメイクオッケーと意気揚々と外に出て、なにかの拍子に白日のもとで鏡を見るとぎょっとする。ファンデーションはむらがあるし、アイシャドウもはみ出ていたり、思ったより濃かったり……。私も経験済みだが、当時はそれほど気にしていなかった。

「さっと化粧直しすればいいじゃん」

そうはいかないんだよ……と、なんだか煮えきらないまま母の独り言が、受話器の奥に消えていった。

それから月日は流れ、祖母にシッターをしてもらった娘は大学生になり、毎日洗面所でメイクに余念がない。まあ、その時間の長いことといったら。とくに男の子と会う前は、三十分近く出てこない。

私はガラスに映る彼女の楽しげな影や、漏れてくる甘いトワレの香り、ドライヤーの音を聴きながら、いちばん楽しいときだなあと眩しく思う。

同時に、「太陽の下や、明るいカフェの光の下で見たら、メイクが自分の思っていた仕上がりと違うかもしれないけれど、それもまた青春だから楽しんでいってらっしゃい」と、背中を押したくなる。

これは、母と娘というより、人生のちょっと先輩から、恋愛を含めてなにごとも経験の乏しい後輩の女友達へ、という気持ちに近い。

かくいう自分は、歳を重ねるごとに、母の言葉が少しずつ理解できるようになった。外でのお化粧直しも、たとえばシワにファンデーションが入り込んでしまうからそう簡単でもないんだよと、あのとき母は言いたかったのかもしれない。若く、肌にはりやつやがあると、上塗りしても厚く見えず、直しも簡単なのだ。

そして、きれいに見えていた自分の肌が、じつはそうでもなかったとわかるのが、いちばんショックだったのではなかろうか。それを言葉にしたくなくて、もごもごと濁したのでは。いくつになっても身ぎれいにしたいし、少しでも美しくありたい。母の女心がいまならわかる。

私もそういう歳になった。ここの灯りは蛍光のほうがよかったよね……。鏡の前で化粧をしながら、心のなかで、故郷の母と対話をする。

ところで、我が家はいまだに白熱灯に替えていない。

もし、娘の化粧の仕上がりが自分の思っていた美しさと少々違っていたとしても、彼女をいいと言ってくれるボーイフレンドがいたら、その彼こそ最高じゃないかと思う。あなたの表面ではなく、中身を見て好きになってくれている。少々の化粧の失敗も、愛嬌に思ってくれるような人が見つかったら、それこそハッピー。そんなことを言おうものなら「ママはわかってない！」とくってかかるに違いないので黙っている。私だって、あのとき母の女心をわかっていなかった。

時の流れとともに、少しずつ人生の謎はとけてゆく。いま、目に見えているものがすべて真実ではないかもしれないし、間違っていたとしても案外悪くないもの。

引っ越しまであと一カ月。母、私、娘。女三代が立ったちょっと〝美人に見える〟我が家の洗面所とは、もうすぐお別れである。

かつて　インテリアはデザイン優先。洗面所の光源の質まで気がまわらなかった。

いま　洗面所の灯りひとつにも、歳月の機微が宿ると知る。

パンと私

パン焼き機を三台買い替えた。すべて人に譲り、いまは持っていない。初めて買ったときはなんて便利だろうと感動した。生地だけ作ってベーグルに成形したり、好みの食材を入れて惣菜パンを作ったり。焼きたての匂いが家中に広がるのは、なんともいえない幸福な気持ちに包まれた。

だが次第に子どもたちと夫が飽き始め、最後は焼いても私しか食べなくなった。家族が言うことには「買ったほうがおいしい」「コンビニやパン屋さんのほうがいろいろ選べて楽しい」。まったく、身内は容赦がない。

知り合いに、家具から果ては家までセルフで作る陶芸家の男性がいる。ものづくりが好きで、料理も大得意だ。パンもパスタの麺も手作りするような人だが、最近、パンだけは作るのをすっぱりやめたと言ったので驚いた。

「若いころから自分で焼いてきたけど、おいしいパン屋には勝てない。プロが作ったいろんな味のパンをあんなに安く毎朝楽しめるんだから、無理するのはやめたんだ」。

遠方の好きなパン屋に買いに行くのもいまの楽しみのひとつで、まとめて買って冷凍しているという。なんでも自分の手から生み出す暮らしの達人の「おいしいんだから買ったっていい」という率直な言葉が胸に残った。手作りは素晴らしい神話に振り回されなくていいんだよ、気楽に考えようよと言われた気がした。

私もコロナ禍で散歩がてら遠くのおいしいパン屋まで買いに行き、お気に入りを薄くスライスして冷凍するのが習慣になりつつある。

かつてなぜあんなに手作りしていたかというと、安上がりなのと、添加物の心配がないからだと思い出した。子どもが好きな、ふわふわ甘い菓子パンの成分表示にはさまざまな添加物が並ぶものが多かった。

いつしかパン焼き機も手放し、夫とふたりきりが多い夕食には、天然酵母のハード系が並ぶようになった。バケット、カンパーニュ、くるみパン、オリーブ入り。それぞれにおいしい店が違うため、店名を袋に書いて冷凍する。

料理に合ったものを薄く三枚くらいがちょうどいい。パンは米と違って、家族構成やライフスタイルの変化によって、そのときどきで選ぶ種類が大きく変わる主食だ。

幼い子どもたちが絶対食べなかったライ麦パンのスライスを食しながら、ほんの少し寂寥感に包まれる。好きなパンにかじりつける時間はできたけれど、カロリーの高そうな菓子パンにかぶりつく子らを見守るあの時間は二度と戻らない。パン焼き機から部屋中に広がる小麦の匂いを嗅ぐこともない。場所を取るパン焼き機とともに、子ども部屋もひとつなくなった。

家は広くなったけれど、この寂しさに慣れるのはいつのことか。やがてひとりで食べる日もくる。そのとき、どんなパンが傍らにあるだろう。


――かつて　主食であるパンは納得いく材料で、と手作りにこだわっていた。

――いま　買ったほうがおいしいと家族が言うのなら、手作りにしがみつく必要はない。

ちゃぶ台リメイク

拙宅でもっとも愛着のある家具はパイン古材のちゃぶ台と茶簞笥だ。前者は第二子を妊娠中に松本のインテリアショップで、後者はコーポラティブハウスに越してきたときに京都、姉小路通りの骨董店で買った。どちらも長い家族の想い出がはりついている。

とりわけちゃぶ台は、我が家の象徴のような存在だ。目線が低くなり、来客でも気楽に座れて緊張がほぐれる。食事だけでなく宿題や仕事もした。地震では子どもの避難場所になった。しかし、年の端には勝てず、だんだん床に座ると足腰に負担がかかるようになってきた。海外から友達が来ると十分もしないうちに「ソファのほうが楽だからこっちに座っていい?」と言われる。たしかに椅子に慣れた生活の人には、足を大きく折り曲げる姿勢は辛いだろう。ほんの数年前までは気にもとめていなかったが、歳を重ねるとよくわかるようになった。椅子のほうがはるかに立ったり座ったりの動作が楽だ。

　コロナ禍で、家にいることが長くなった夫から切り出された。

「なあ、椅子にせえへん？」

　これから先の人生も長い。毎回、よっこらしょと腰をさすりながら立ち上がるのはたしかに考えものだ。熟考の末、テーブルに変更を決めた。夫とは、ちゃぶ台と別れるのではなく脚をつけてリメイクし、使い続けるという選択が一致した。長い間家族の三食を縁の下の力持ち的に支えてきて、壊れてもいないのにこちらの都合でお払い箱にはしたくない。

　いくつか家具店を歩くと、どの販売員からも異口同音に薦められた。

「買ったほうが安いですよ」

　我が家のちゃぶ台は十キロ以上あり、重い。それを支える脚の造作やデザインが難しいとのことだった。一、二カ月後、なんとかリメイクをしてくれる工房をやっと見つけた。結果からいうとやはり買ったほうが安かった。

　それでも愛着のあるものを使い続けられるのは嬉しいという話を書きたいのではない。この体験を通して、私はあんなに好きだった〝家具を見たり買ったりする〟という行為に

古道具に惹かれるのは、知らない誰かが愛した痕跡にも美しさが宿っているからだ。そして、一度使ったものに再び値がつけられるほど、品質が誠実で嘘がない。鋲《びょう》打ちの革の椅子が我が家に来て十年余。クッションがきいていて、ほかのどんな新しい椅子より腰が疲れない。誰かの愛情も乗っけて、新入りに負けない座り心地で今日もゆたかに私を受け止める。

興味をなくしていることに気づいたのである。もう、新しい大きなものを生活に足したくない。買い替えたほうが安かろうがなんだろうが、あるものでなんとかしたい。使えるものをゴミにしたくない。ゴミを増やしたくない。

安い高いだけを基準に、家具を手放したくないんですという私たちの考えを、職人はよく理解してくれた。思想を共有できると、齟齬《そご》がないので仕上がりも願ったとおりになる。きれいに化粧直しされてテーブルに生まれ変わり戻ってきたそれは、ずっと前から我が家にあったように空間に馴染んだ。

家具を生活の変化に合わせ手を入れ、育てていく。出費は痛かったけれど節約という美徳のかわりに、思い出がつまったまだ使えるものを手放す後ろめたさを背負わずにすんでよかった。

かつて　小さな家具でも、新しいものを買うときはつねにときめいた。
いま　ときめきより、処分する後ろめたさが気になるようになった。

七十二個の目標シート

野球選手の大谷翔平さんを真似して、七十二の目標達成シートを作り始め、今年で三年になる。

よく知られていることだが彼は高校時代に、「ドラフト一位で八球団から指名が来る」という大目標を立て、そのために「体づくり・メンタル・人間性」など中目標を八つ、「仲間を思いやる心・道具を大切に使う・下肢の強化」など小目標を六十四、あわせて七十二の項目をひとつひとつクリアしていった。

私も、文章の質を高めるという大目標のもと、七十二のアクションを考えた。大目標は例年変わらないが、中〜小目標は少しずつ変わるので、一年ごとに書き換える。

大谷さん式の目標シート（マンダラチャートともいう）は、便利なアプリがいくつか出ているので、とりかかりやすい。

たとえば去年は、資料本以外で年間百冊の読書を小目標に掲げたが、達成できなかったので、今年は冊数を現実的な数に減らした。

元旦に作って見直した私は、思わず失笑した。「ていねいに」という言葉が五つも登場しているからだ。よほど、自分の粗忽さ、雑さをコンプレックスに思っているのだろう。

原稿一本一本をていねいに、どんな仕事もていねいに、メール文をていねいに、ふだんの言葉遣いをていねいに。恥ずかしながら、残るひとつは「スケジュール帳をていねいに書く」である。まるで小学生のようだ。

手書きのスケジュール帳をきれいに整え、身近なところから〝ていねい〟を意識しようと、アイデアをしぼりだしたのである。

かつて、家事や育児、暮らしをていねいにという概念に縛られ、思うようにできない自分を責めたり、少なからず罪悪感を抱いたりした。

しかし徐々に、自分も家族も快適であれば少々ほかが足りなくても幸せであるとわかってきて、ようやくていねい呪縛から解放された。

ではなぜ〝ていねい〟が五回も登場するかというと、子育ても卒業に近づきつつあるいま、今度は別の〝ていねい〟に憧れを抱くようになったからである。なにごとにもさりげなく、でもきちんと心を配れる人間でありたい。買わずに手作りするとか、ものを最後まで大事に使い切るような行いだけがていねいではない。心のあり方、自分のあり方を見直したくなったのだ。慌てず、手を抜かず、無理ない範囲でなにごとにも愛情と心をこめる。その手始めの具体的なアクションが五つのていねいであり、「スケジュール帳をていねいに書く」だった。

七十二の目標アプリは、クリアしたら、「済」のスタンプを押す。ちなみに去年は十九個。少ない……。

クリアできてもできなくても、小さな道標があると張り合いになる。続けるコツは、達成できない自分を嫌いにならないこと。できなかったことはまた繰り越して、挑戦すればいい。

うっかりするとすぐ半年経っている。月に一度くらいていねいに見直すと、達成度は上がりそうだ。

——かつて　買わずに手作りすること、なんでも手間ひまかけること、最後まで大事に使い切るような心持ちを〝ていねい〟というのだと思っていた。
——いま　無理ない範囲でなにごとにも心をこめることも、〝ていねい〟の大事なファクターである。

ルーズな自分対応策

リモートワークを始めた会社員のご近所友達がこう嘆いた。

「家のダイニングテーブルだと、朝食後仕事にとりかかったと思ったらすぐ昼食の用意になり、落ち着いて仕事ができない。結局、仕事がたてこんでくると会社に行ってしまう」

高校生の次男が自宅で受験勉強をしているので、食事の準備が意外に大変らしい。

また、大学生の息子がいる別の編集者の友達は、途中でお互いに負担になり、ひとつ屋根の下だが昼食は別々に、と決めてから楽になったとのこと。

そうか、それぞれにみな試行錯誤をしながら新しい働き方、暮らし方を模索しているのだなと知る。

考えてみたら、私はフリーランスライターとして二十六年来の在宅勤務である。彼女たちの話を聞いて、自分が無意識のうちに積み上げてきた在宅勤務のルールや、小さな工夫の存在に気づいた。たとえば次のようなことだ。

〈ルール一〉昼食は朝作る

いったん仕事モードに切り替わると、意識を生活モードに戻すのに時間がかかる。また料理や洗濯物干しなどの家事には、仕事とは全く違った集中力と思考回路が必要。昼食は、朝食作りのときか、朝食の片付けとともに作っておく。昼は食べるだけに専念。脳を休める。

〈ルール二〉休憩はソファに座らない

しっかりくつろいだり、神経をゆるめると、再び仕事脳に戻すのに時間がかかる。短い昼寝は有効だが、できるだけ、〝つかの間〟の休息に。私はソファに座らず、ホームセンターで二千九百八十円で買った折りたたみ式ビーチベッドを愛用していたことも。寝にくいので長く眠れないところが、よいのである。

〈ルール三〉ピアスを付ける

部屋着から仕事着に替えるのは、多くの人がやっているかと思う。さらに誰にも会わないとわかっていても、ピアスやリングをすると体温が〇・五度上がるような気持ちに。些細なアクセサリーだが、外仕事と同じようにちゃんとおしゃれすることで、小さな緊張感が生まれ気持ちの切り替えができる。

身繕いは、自分を整える作業のひとつ。ひとり職場はこの作業がおざなりになりがち。

〈ルール四〉家事を切り替えに利用

皿洗いが、始業前の儀。流水の音を聴きながら、徐々に仕事モードに切り替えていく。きゅっと蛇口を止めたとき、さあやるぞとなる。私だけかもしれないが、流水の音を聴いていると浄化される感覚がある。〝母親時間〟をきれいに洗い流し、ライターの時間に入る前の大事な儀式だ。

〈ルール五〉机上をゼロに戻す

終業後は、たとえ明日使う小さな書類でも文具でも、机上に置きっぱなしにしない。すべてを片付け、気持ちに区切りをつける。きれいになった机上は、達成感をもたらす。

書き出してみるとマイルールは案外きりがなくあるものだ。

夏休みの宿題は最終日にしかやらず怠惰だった私が、長年あちこちに頭をぶつけ、失敗を繰り返しながらなんとかたどり着いた現時点での、ルーズな自分に負けないためのマイルール。ここまでやっと育った日課表である。

ひとり職場は誰も褒めてくれないので、書きながら、けっこう頑張ってきたじゃんと自分をねぎらいたくなった。

よし、今日のご褒美は近所のアンテナショップで買った網走の地ビールにしよう。あ、この小さなご褒美も大切である。


――かつて　夏休みの宿題は最終日にしかやらなかった。

――いま　小さなルーティンを作って、だらだらとゆるみがちな日常の仕事時間を整えている。

はじまりの味

世の中がコロナ禍に見舞われる前、近所のジャズバーによく通っていた。若い店主はジャズに、前店で店長をやっていたという若いバーテンダーTさんはお酒に、探求を惜しまぬ姿勢がさりげなく伝わってきて、彼らと話していると爽やかな気持ちになった。

ある晩、中華を楽しんだあとだったのでいつも頼むウイスキーでなく、口中がさっぱりするなにかを、とお願いした。夜深い時間。客は私ひとり。Tさんが「ではジンリッキーを」と作ってくれた。

なるほど、きりっと辛口で旨い。遠くでジュニパーベリーという香草のスパイシーな香りが、近くでライムの爽やかなそれが混じり合い、余韻が心地よい。二杯目もジンが飲みたくなった。

「次はジントニックを作りましょう」。

それは、前から彼がもっとも得意であると語っていたカクテルである。ずいぶんふつうだなと、かえって印象深く覚えていた。

これを使いますと、差し出されたボトルは、ビーフィーターという大衆的なジンで、赤い服を着た紳士に赤のキャップデザインは、どんな酒屋にもある見慣れたもの。

「さきほどの一杯目は、厳選された原料で作られたプレミアムジンでした。こちらのビーフィーターは、イギリスでは気軽に買って家で飲むもっともポピュラーなもの。高級なものは技術がなくてもおいしくできます。ビーフィーターは、わずかな技術の差で、味に大差が出やすい。安いお酒ほど工夫と研究が必要なのです」と教えてくれた。

彼は見習い時代、もっとも私費を投じて研究をしたお酒がビーフィーターだそう。

「編集と同じですね」

私は不意につぶやいた。

初めて出版の世界にとびこんだ最初の四年間、文章の〝いろは〟から手取り足取り教えてくれた編集プロダクションのボスを思い出したのだ。企画の視点、見出しの付け方、書き出しと書き終わりの一行の大切さ。教えるのがとびきり上手い人だった。私は編集に関してなんの知識もないド素人だったので、給料をもらいながらこんなに教えてもらっていいのかと、時々申し訳なく思った。

ボスは週刊誌の編集部出身で、口癖が「週刊誌はたかだか二、三百円で、おもしろくなければさっさと読み捨てられる。だからこそ、どうしたら読み捨てられないか、人の目や手を留められるか、最後まで読ませられるか、一言一句も気を抜かず工夫を重ねる。だから俺たちの仕事は千五百円の人気作家の本を作るより難しいんだ」

書籍と週刊誌の実際は別として、だからフリーペーパーやチラシの仕事ほど手を抜いてはいけない、研鑽を積めという意味だと理解した。とりわけ必要なのは、企画力だとボスは力説していた。

Tさんは、「本当にそのとおりです。よくわかります。どんな仕事も同じですね」と目を輝かせた。

ステア（比重の違う液体を混ぜ合わせる技法）の止め時、ビルド（グラスに直接材料を注ぐ技法）の加減、氷のカットのしかた、ライムの酸味など一杯ずつその日ごとに条件が違うカクテルを、最高の状態に仕上げるための見極めや技術は、一朝一夕では身につかない。

「バーテンダーで食べていこうと決めた、はじまりのお酒です」と彼がいうジントニックは、薬草やハーブのわずかな苦味、柑橘の華やかな香りとともに、一日フル回転で働いた細胞や内臓をいたわるように、静かに体の内側に染みいった。

歳月が経ち、仕事に慣れれば慣れるほど、原点で学んだことの尊さに気づく。

二〇一九年秋。小さな雑居ビルの一室から始まった蒼い日々を思い返しながら、至福の一杯を楽しんだ。あれはたしかに、はじまりの味がした。

かつて　目の前のことに精いっぱいで、自分を俯瞰できない。
いま　慣れているときほど原点を忘れがち。うまくいっているときこそ、基本に立ち返りたい。

やる気だけでは乗り越えられないと知った日

ごくたまに、「初めて書いた原稿のことを覚えていますか」と尋ねられる。そのたび、青い苦さがこみ上げ、胸の奥がぎゅっとなる。大失敗をしたために、忘れたくても忘れられないからだ。これは「はじまりの味」の続きの話である。

私は回り道をして、二十六歳で念願の女性誌編集プロダクション（以下編プロ）に入社した。出版は、わからないことだらけの初めて触れる業界であるうえに、他の年若の社員よりスタートが遅い。とにかく先達に勝てるものは、やる気しかないと意気込んだ。

これが、穴があったら入りたいほどのミスの連続だった。

初めてのドラマロケの取材では、到着するなり撮影現場に突進し、カメラに写り込んでスタッフに怒鳴られた。推理作家に送る取材依頼書を、誤って芸人の事務所にファックスしたこともある。取材に向かう途中、新宿駅構内では迷子になり西口から東口へタクシーに乗った。一事が万事そんな調子で、空回りの日々が矢のように過ぎていった。

週刊誌編集部から独立して編プロを営んでいた社長（ボス）は、前述の通り教え上手で、一から出版のいろはを説いてくれた。誰に対してもていねいに教えるので、ボスの名前をとって「〇〇事務所」ではなく「〇〇学校」と呼ぶ同僚もいた。

三年目あたりから、自分も編集だけでなくライターさんのように原稿を書いてみたいと思うようになった。ボスなら、原稿を指導してくれるだろう、給料をもらって教えてもらえるなんて、こんな得なことはないと。いつかフリーライターに、という思いはそのときはなかった。

ただただやる気を見せたかったのと、原稿も書ける編集者なら万能だと思った。編集の仕事すらろくにできない新米なのに、思い上がっていたものである。

ある冊子で、素晴らしい画才で話題を呼んでいた身体的ハンディのある少女をとりあげることになったので、社会福祉を学んだ自分にも書けるのではと思いきって申し出た。

「このテーマにとても関心があるので、ぜひ書かせていただけませんか」

ボスは、じーっと私の顔を見てしばらく考えたあと、「じゃあやってみてください。原稿を見る時間が必要だから、早めに書いてね」とだけ言った。

張り切って単独で取材に行き、難なく書きあげた。なんだ、ライターさんってこんな少しの労力であんなに原稿料をもらっているのかと、とんでもない思い違いをしていることにも気づかず、悦に入っていた。ボスの机の前で私は長い間待ち続けた。とうに読み終えているはずだが、彼は空《くう》を見つめながらタバコをふかし続けている。見出しひとつで五回も六回も書き直しをさせる人だ。渋い表情から、こりゃ再提出で長丁場になるぞと腹をくくった。

やっと口を開いた彼に聞かれた。

「今日何日?」

「〇日です」

「締め切りまであと一週間だよね」

いつにもまして冷静な声に、嫌な予感がする。

「大平さん。ここからは編集者の頭に切り替えて。この原稿は使えない。あと一週間あってもだめだ。編集者なら、ここからどうする?」

一週間かけて指導しても商品にはならないと見限られたことにショックを受け、言葉が出ない。彼はもう一本タバコを吸ったあと、静かに指示した。

「時間がない。原稿を使えないとすれば、大平さんが取材したネタをデータ原稿にして、リライトできるプロのライターに大至急発注する。そうすみやかに判断するのが編集者の仕事だよ」

データ原稿とは、本原稿を書く記者やライターのために、必要な資料やネタを集め、粗原稿にしたもの。文字数に関係なく、取材で見聞きしたネタをできるだけ具体的にたくさん文字に起こす。これを集める人をデータマンといい、リライトはそのメモをもとに机上で編集意図と指定の文字数に合わせ、人を惹きつける原稿、いわば〝商品〟に仕上げる。

媒体によっては、リライターは最後の仕上げなのでアンカーマンともいわれる。アンカーは、手練《てだれ》のベテランフリーライターで、後に著名な作家になる人も多い。

名手は限られているので、編集者はいつもとりあいだった。その編プロで信頼が高いリライターは、父のような年齢なのに少女向けのやわらかいものからシニア向けの医療記事やノンフィクションまでなんでも、魔法のように完璧な原稿に仕上げる。ボスは、いますぐその人に頼めというのだ。

「一週間前では受けていただけるかどうか……」ともごもごしていると、彼はいきなり電話をかけた。受話器の向こうの相手に何度も頭を下げている。申し訳なさと恥ずかしさと情けなさと悔しさが入り混じり、泣きたくなった。

あれが最善にして唯一の策だった。私は大事な媒体に穴を空けるところだったのだ。

そもそも、ここは学校ではない。

やる気だけを振りかざし、ゴールの高さも確認せず努力を怠ったぶざまな自分の胸に、ボスのシビアな指示は、ぐさりと刺さった。働いてお金をもらうとはこういうことか。やる気だけでなしとげられるのは青春時代の文化祭までだ。

給料をもらって働くなら自分に厳しく。実力をわきまえて、足りないところを自力で一日でも早く補わなければ。同時に、緊急時に情に流されず的確に判断する能力も編集者の絶対条件だと学んだ。

失意のなか、リライターの原稿をなんとか入稿してひと息ついたとき、ボスに呼び出された。

「福祉のテーマや、ハンディを負いながら頑張っている人を描く原稿ほど難しい。泣かせようと思ったら読者はすぐ〝臭さ〟を感じ取って離れる。頑張る、努力、感動、ひたむき、精いっぱい、愛、涙。そういう言葉を一切使わずに人の心を動かす原稿を書いて初めて、お金をいただいて読んでもらえる商品になる。大平さんの原稿には全部入っていた」

おいしいと書かずに旨さを伝える。悲しい、さよならを使わずに別れを描く。愛と言わずに恋愛を書く。これはこの仕事に必要最低限、なくてはならない技術。それがなければ子どもの作文だと彼はつねづね説いていた。

あの五年で学んだことが私のすべての礎になっていて、忘れそうになると「はじまりの味」のように、いまもボスのいろんな言葉が降りてくる。自分が心地いいだけの安易な言葉に逃げていないか。ひとつひとつの原稿に高みを目指しているか……。

慣れによる傲りや失敗を忘れないために、私は恥を忍んでいつも冒頭の質問に隠さず答える。

「初めて書いた原稿は、ボツになりました」。

かつて　無限にやる気の効果を信じていた。

いま　キャリアを積むと、失敗を誰も注意してくれなくなる。仕事歴が長くなるほど自分に対する厳しさが必要だ。

四十六歳の新しい遊び

お酒の本当の楽しみを知ったのは四十六歳である。教えてくれたのは親友のA。教えたつもりはないだろうが、海外生活が長い彼女は知識も酒量もそのへんの酒に強い男を凌駕していた。バーで、気に入ったウイスキーのダブルを頼んだら量が少ないとかで、店主と本気で言い争いをしていた。数年前ふたりでフランスを旅した際は、往路の機内で本来メニューにはないハイボールをお願いして呑み続けたら、十杯あたりで「すみません。エコノミーのお席でのウイスキーと炭酸が終わってしまいました」と人生初の機内サービス終了宣言をされてしまった。

アブサン、カルバドス、オードヴィ、シングルモルトウイスキー、生のギネス、泡盛。全部、おいしそうに嗜《たしな》む彼女を通して知った。

知り合ったのは三十六歳なのになぜ四十六歳、しかもなぜはっきり年齢を覚えているかというと、下の娘が中学生になった年だからだ。正確には二月六日、私立中学受験の最終日。生まれて初めて記憶がなくなるまで深酒をした。学生時代もそこまで飲んだことはない。ああ、これで親がサポートする試験は終わりだ、これからは自分ひとりの力で受験をし進路を拓いていく、塾から子どもが帰宅したときに必ず私がいなくてはいけない生活はいったん区切りがつけられるという解放感から、知人と酩酊。その夜の合格発表を聞かず娘より早く寝てしまったと、いまだに家族に責められる。

以来、夜の約束も時々入れられるようになった。入れすぎて、「まだ中学生になったばかりで不安と緊張だらけなんだから、もっとしっかり妹に寄り添ってあげてくれ」と息子に注意を受けたことも。

それまでも仕事の打ち上げや食事会はあったが、どこかで深酒はしないようにというリミッターがかかっていた。翌日は子どもの弁当を作って送り出さねばならない。たくさん飲むまいという無意識の予防線が、思えば出産したときから下の子が中学生になるまでの十六年間つねに脳の片隅にはりついていた。

「おーだいらがこんなに飲める人だって知らなかったよ」

知り合って十年を経て、Aに言われた。私もこんな自分を知らなかった。

世の母親はみな、見えないリミッターを自分にかけていると思う。独身時代はお酒が好きだった人もいるはずだ。それを十年、十五年単位で控えている。いってみれば、十年以上、毎日が〝緊急事態宣言中〟のようなものだ。量を気にせずとことん飲める自由な夜は、一年にいくつあるだろう。父親もそうだろうか。同じリミッターを抱えて十年単位の長いスパンで生きているだろうか。

ひとり親家庭で頑張っている人も含め家庭の事情は多様だが、自営業でこんなに自由に暮らし、夫が家事も育児もイーブンにやろうとしてくれている私でも、窮屈さや閉塞感を子育ての日々に感じることは一度や二度ではなかった。どうしたってイーブンではないし、母親がたまに深酒をしてもいいじゃないかという社会にはまだなっていない。父親がそうすることはごくふつうにあるのに。

四十六歳で知った酒の楽しさを書こうと思ったら、話がそれてしまった。それたついでに毎日自粛が十六年、は私だけではないことを記しておこう。

かつて　母親なのだから飲みすぎてはいけないとつねにどこかで自制していた。
いま　自由に予定を入れられるようになった。

人生で省いてはいけないこと

ライフワークとしても続けている台所を訪ね歩く取材がきっかけで、その後七年お付き合いが続いている女性がいる。フランス編で取材したキョウコさんである。その彼女からメールが届いた。

『夫との約束のときがきたので店を閉め、帰ります』

取材当時六十四歳。フランス人シェフの夫の店で、パティシエをしていた。彼女はその後、夫と五年の約束で単身、日本に戻り紅茶と焼き菓子の店を開いた。メールは、その期限がきたのでフランスに帰るという知らせだった。

キョウコさんの自宅は、フランスで取材した六人のなかでもとりわけ印象深かった。台所がいちばん小さかったからだ。古いマンションの一室で、ひとり立てばいっぱいであった。けれども窓から緑の中庭が見え、風が通り抜ける。

壁には年季の入った銅鍋が五つ。夫が師匠から譲り受けた大事な鍋でピカピカに磨かれていた。アルザス地方のココット鍋は吊り戸棚の真下の造作棚に。オーブントースターは作業台上の壁から張り出した棚に載っている。空中もうまく使い、デッドスペースがひとつもない。かさばる製菓の道具もすべて首尾よく収まり、欲しいところに手が届く飛行機のコックピットのような、いかにも使いやすそうな台所だった。使い込まれた鍋や木べら、菓子作り中にできたらしい作業台の傷、DIYの鉄のフックひとつ、生活の痕跡すべてが空間に馴染み、美しくさえある。「そりゃあもう少し広いに越したことはないけれど、わりとこれで足りているの。とくに不便はないわね」と彼女は笑った。ないものを数えるのではなく、あるなかで自分流に整えるのがうまい人なのだなと思った。

以来、ゆるやかに交流が続いた二年後の二〇一六年。

「日本でひとりでサロン・ド・テをやるんだけど、お店の空き物件ないかしら」と相談された。

「彼はどうするんですか」

「五年やったらフランスに戻るっていう約束なの」

年齢を何度も書くのは気が引けるが六十六歳になっていた。住み慣れたフランスを離れ、ひとりで店を始めるには勇気のいる年齢だろう。が、彼女は意に介さない。

無事、知り合いの不動産屋を介し、世田谷に小さな店を開いた。引っ越しを手伝ったときになにげなく聞いた。——どうしてお店を開こうと思ったのですか。

「あら言ってなかったっけ。あなたの原稿がきっかけよ」

自分がこの大きな決断に関わっているとは露ほども思っていなかったので慌てた。え、私がなにを？

「日本で会社員をしながらお菓子の勉強をしていた私が、夫と結婚し、フランスの彼の店でパティシエになったことを、あなたは『夢を叶えた』と書いたでしょう？　それを読んで、はっと気づいたの。違う、私は夫の店でなく、自分のお菓子の店をやるのが小さなころからの夢だったって。何十年も胸の奥に眠っていた夢を思い出したのよ」

つまり、思い込みで書いた私の筆不足である。すみませんと謝ると、「いいえ、あなたの取材で、自分が本当はなにをしたかったのか考えられた。いまやらなかったら一生やれない。後悔はしたくない。だからひとりで頑張ってみようと決心がついたのよ。ありがとう」。

テーブルが四つの小さな店で、厨房もフランスで見たあの家のようにやっぱりコンパクト。そこで本場のカヌレやオニオンパイを焼き上げる。ことにカヌレは絶品で、ラム酒のきいた卵色のしっとりした生地と、こんがりパリッと黒糖色に焼けた表面と、二種の食感がやみつきになる。マドレーヌ、キッシュ、アップルタルト、キャロットケーキ。小さなスペースで魔法のようになんでもおいしく焼き上げるキョウコさんは、いつも忙しそうで、そしていつも生き生きとしていた。年末には夫も来日して、フレンチを提供することも。水彩画展を開いたり、バレンタインやクリスマスは特別メニューにしたり。口コミで病院から注文が来たときはとくに嬉しそうだった。

もう五年か。コロナの自粛にも苦しんだことだろう。知らせを聞いて久しぶりに出かけると、この先は閉店まで予約で満席だという。てんてこ舞いの忙しさだったが、彼女の横顔はやりきった誇りに満ち、本当に若々しくきれいだった。

帰り道、同行の友と「キョウコさんっていくつだっけ」と何度も数え直しながら、だんだん恥ずかしくなってきた。どうして私はこんなに年齢を気にするんだろう。

　夢や情熱に、年齢は関係ない。また、そのふたつさえあればいくつであろうと美しさは増すと教えてくれた彼女は、次は夫と日本の避暑地で店をやりたいそうだ。

　多くは持たず、けれども夢と情熱だけは絶やさない。そういう人の清々しい強さにしびれ、私は早くも取材したくてたまらずにいる。かっこいい八十代パティシエの小さな台所を。

かつて　夢を叶えることに年齢制限を自分で設けていた。
いま　人生のタイムスケジュールを書き込むのは自分。できない理由を年齢のせいにしない生き方は美しい。

変わらない日課、朝喫茶

「本当ですか？」と疑いの混じった目でよく聞かれるが、週に二、三度は朝、夫とコーヒースタンドか喫茶店に行く。ええ本当ですよと言うと、次に必ず聞かれるのが「なにを話すんですか？」

わかるわかる。夫婦なんて、子どもという鎹《かすがい》がなくなったら本当に会話がない。だから私も正直に答える。「なにも話しませんよ。ただぼーっとコーヒーを飲むだけです」。

夫も私も、名古屋でひとり暮らしをしていた独身時代、愛知の喫茶店文化にどっぷりと浸かって過ごした。それぞれ別に近所に行きつけの喫茶店があり、ほぼ毎日通った。十枚綴りのコーヒーチケットを店に預けていて財布を持たずに行く。朝は名古屋特有のモーニングセットが付くのでひとり暮らしにはとてもありがたかった。当時二百五十円ほどでどの店でもトーストやサラダ、目玉焼きか茹で卵が付いた。

私の行きつけは、食後に昆布茶が出てくる。午後はコーヒーにレモンケーキが付く。いまはどうか知らないが、お年寄りからサラリーマン、小さな子連れの主婦、休日はファミリーとさまざまな人が訪れ、半分近くは同じ顔ぶれだった。多くの名古屋の人々の日課表には必ず、喫茶店でくつろぐ時間が充てられていたと思う。ちなみに夫の行きつけは、モーニングにバターが染み込んだ四つ切りの分厚いトーストが出た。

二十代前半から喫茶店に行く習慣が体に染み付いてしまったので、いまも惰性で吸い寄せられてしまうだけである。朝起きて雨天でなく、気が乗ればどちらからともなく言う。

「コーヒー行く?」

洒落たカフェは落ち着かないので、もっぱら週刊誌や新聞が置かれたような喫茶店か、チェーンのコーヒースタンド、ドーナツショップである。どの街に越してもそういう店を見つけては通ってきた。現在の住まいの近所にも古い喫茶店が一軒ある。飲み物に昔懐かしいココナッツバターサブレが一枚添えられていて、何年通ってもソーサーに添えられているのを見るたび毎回ちょっと嬉しい。

「僕なんて嫁さんと喫茶店に行っても、話すことがなくて気まずいけどなあ」

先日も同年代の男性に言われた。喫茶店に行ったら話さなきゃいけないと、みんな思い込んでいるんだなと気づいた。日々の習慣になっている私と違い、彼にとっては非日常の場所だから、会話をしなくてはと緊張してしまうのだろう。

こう言ったら身も蓋もないが、四十や五十の夫婦に毎日目新しい会話があるわけがない。けれども、外を百メートルも歩けばいろんなものが目に入る。誰かが連れている犬、門扉が素敵な家、豪邸なのに戸口に生協の箱や子どもの自転車が乱雑に置かれ台無しになっている家、草花の芽吹き、落葉、笑わない店員、タイガースの勝敗を報じるスポーツ新聞。そんなあれこれについて、脈絡もなくぽつぽつと勝手につぶやく。相手が聞いていようがいまいが気にしない。同じ店に通っていれば、顔馴染みの店員とも会話が生まれる。いっぽう十五年通っても一切愛想のない店長もいて、それはそれで私たちの会話の種になる。「あの人、店のホームページではすごい笑顔だったよ」「え、どこどこ」。皮肉にもその彼が作るサンドイッチはどの店員より抜群においしい。だから次もまた行ってしまう。

そんな愚にもつかない話をするともなくして、午前十時前に解散。夫は渋谷の仕事場へ、

二十一年前、北陸の古民家の梁をリビングの飾り柱にした。先日、新居に越す際、家人が「あれを持っていきたい」と言い出した。快諾した大工さんがいざとりかかったらけっこうな大苦戦。やっと移設されたのを初めて見た娘がつぶやく。「うちの大黒柱だね、ほっとする」。長い時をつないできたものが家の真ん中にあると、そう、たしかにほっとする。旧居と同様に新居でも、構造上はなんの役目も果たしていないが、じつはなにより大切な役割を担っていたといまごろ気づく。それは我が家の拠り所という言葉がもっとも近い。

私も仕事をするため自宅かコワーキングスペースに向かう。

夫婦とはなんだろうと悩む時期がなかったわけではない。長く一緒にいれば、心が北極と南極ほど離れる時期もある。コーヒーをする数十分など鎹にならない。男と女はもっと複雑でめんどうくさいものだ。

いましみじみ思うのは、夫婦だからといって全部を知らなくていいし、頑張って会話などしなくていいということだ。「知らないこともある」が前提のほうが、わかり合おうと多少努力をする。知らないのだから行き違っても当然と、流せたりもする。

夫婦の関係は子どもがいる時、巣立った時、どちらかが病気をした時、老いた時、距離感を伸び縮みさせながら、紡いでいけばいいといまのところは思っている。

──かつて　夫婦はわかり合えているべきと思っていた。
──いま「わからないこともたくさんある」が前提なら、なんでわかってくれないのかと嘆くことが減る。

住まいはどう変遷し、どう代謝してきたか

結婚以来、七回越した。そして来月、八回目の転居を迎えようとしている。本書制作が始まったときは転居など微塵も想像していなかった。良識ある人は、そんな思いつきのような状態で引っ越しをしないわけで、愚かな癖と自覚している。

なぜ越したのか。引っ越し好きは前提として、折々で一応理由はある。

ここではマイホームクロニクルよろしく、間取りや立地とともに家族の暮らしを振り返ってみたい。転がる石のように流転する住まいの記録を書き出してみると、食日記のように見落としていた無駄なカロリーがあぶり出されて興味深い。

〈結婚〜第一子出産〉三十代初め

二十九歳で結婚。世田谷区・上北沢駅から徒歩十五分の住宅街で生活が始まる。2K、ユニットバス。夫は映画製作業、私は編集プロダクション勤めでどちらも駆け出し。平日は朝食だけ、休日に彼がロケでなければ三食を共にする。料理を休日しかやらないので、食材がない。本を見てやおらチリコンカンやらビーフのワイン煮込みやら目新しいハレの献立を選び、材料を一から買い込む。余っても月曜から再び外食生活のため腐らせてしまうなど、食生活のマネジメント能力はゼロ。実家から突然、欅《けやき》の漆塗り婚礼三点セット（箪笥ふた棹、鏡台）が届き、「寝るスペースがなくなる」と悪態をついた。家具のほとんどは互いに独身時代に使っていたもの。漆塗り以外で新婚らしい家具は、新宿マルイで実家の母が買ってくれた食器棚のみ。家具、インテリアへの興味はほぼなく、一日の関心事の九割が仕事だった。

三十歳の妊娠を機に、一年しか住んでいないにもかかわらず転居を決意。子どもを育てるならユニットバスは嫌だ、庭のある一戸建てに住みたいと主張し、夫を説得。同家賃で戸建てに住めるところを探していたら郊外の調布市になった。一階がダイニングキッチン、二階に二部屋の小さな家。

長男が生まれると、あらゆる家具に赤ちゃんガードを付け、調布の家は乳児仕様に。スタイ（よだれかけ）やおむつが入る引き出し棚を追加。産後三カ月で仕事再開。インテリアに関心を抱くゆとりなし。息子は二歳までアトピーがひどく、除去食でしのぐ。やっと入れた市立保育園に息子のみ除去食持参。「ほかの子が羨ましがるので、給食と同じ見た目にしてほしい」と言われ、朝五時半起きでバターや牛乳、卵の代わりに豆乳や寒天を使ってパンやシチューやプリンを作った。小さな庭がついていたが、気づいたらここで遊ばせることも、野菜や草花を植えることも一度もなかった。同じ敷地内にある隣の家はウサギ小屋があった。かわいい小学生の姉妹がいた。私はいつになったら子ども以外のなにかをお世話できる日が来るのだろうと遠い目で見ていた。

〈保育園ジプシー時代〉三十代前半

除去食に対応している園を求め三年で世田谷へ転居。取材や打ち合わせのほとんどが都心。〝職住近〟の重要性を身に沁みて実感していた。次の賃貸は、馴染みのある上北沢駅隣の八幡山へ。２ＬＤＫ。仕事で建築やインテリアのテーマが増え、興味が出始める。古いが中庭や趣のある、少し知られた建築家設計のマンションへ。初めて仕事専用部屋を設ける。リビングに大きな窓。カーテンは開けたときに布がかさばり、空間が狭く感じられたのでロールスクリーンをオーダー。壁面がフラットになりすっきり。壁・窓・床という大きな面積をいじると、部屋全体の印象が大きく変わると知る。それまではすっきりさせるためにカラーボックスや棚など、細々した収納を必要に応じて買い足していた。

三十五歳、長女妊娠。いよいよ育児と仕事の両立が困難になり、互いの実家が遠いので保育園、シッター会社、家政婦紹介所のトリプル使いに。苦し紛れに近所のスーパーの掲示板にシッター募集の張り紙を出した。同じマンションの母子から「子どもが好きなので」と申し込みが。人生で初めて、ご近所同士で助け合う（助けてもらってばかりだったが）関係のありがたさを学んだ。二十年余を経たいまも交流が続いている。帰省時に立ち寄った松本のインテリアショップでちゃぶ台を衝動買い。ちゃぶ台がいつも家の中心にあるような、気楽であたたかな家庭にしたいと直感的に思った。夫も全く同じ想像をしていたようで、勇気を振り絞り十七万円という私たちには初めての高い家具をカードで買った。これからどんな暮らしをしたいか、家庭を営んでいきたいか、あのときに理想のしっぽが少し見えたように思う。

〈家購入〉三十五歳

妊娠し家族が四人になるとわかったころから、持ち家熱が高まる。しかしどんなに内見しても、気に入る間取りがない。私の仕事部屋が必要だったからだ。予算に合うマンションはたいがい和室付きの3LDK。子どもが男女（第二子の性別がわかっていた）のため、ゆくゆくは部屋を分けなければならない。そこで住人同士で建設組合を作り、各戸自由設計のコーポラティブハウスに登録。組合形式の集合住宅は欧米では古くからあるが、日本では普及し始めたばかりだった（オイルショックの七〇年代に一時期ブームがあったが、話し合いの回数の多さや人間関係の難しさから下火に。私が参加したときは、かつての諸問題を改善した専門の業者が誕生した直後だった）。

世田谷区・下北沢エリアにプロジェクトが発足。モデルハウスや営業マンのコストを省けるので通常のマンションより安い。申込者多数で抽選になったが、無事組合員に。我が家担当の建築家は、初めて設計の打ち合わせをした時「このちゃぶ台をメインに設計しましょう」と言った。おかげで〝和風、床に座る生活〟という基本イメージが定まり、すらすら設計が進む。二年かけて完成したのは三畳仕事部屋付きLDK・四畳琉球畳の和室、十畳洋室という変形2LDK。洋室はいずれ二室にできるようインターネット配線、エアコン、照明、収納をふたつずつ設けた。

入居当時、息子五歳、娘一歳。子どもの預かり合い、持ち寄り宴会など長屋のような生活が始まる。インテリアのコンセプトは和風モダン。壁は左官職人に珪藻土を施してもらった。場所を取る婚礼簞笥ふた棹は、両親に事情を話して詫び、ひきとってもらった。この家のために新しく買った家具は、京都で買った小ぶりの骨董簞笥のみ。

〈子どもの成長と増大する仕事〉四十代

コーポラティブハウス発足時、住民で二児がいたのは我が家だけであった。当時のホームビデオを見ると、階下の住人に迷惑がかからないよう「静かに歩いて」「ばたばたしないで」と子どもに呪文のように繰り返している。叱る毎日に疲弊し、幼いうちは戸建てを借りようと五年後、同じ町内の築四十一年の木造日本家屋へ転居。4K。旧居は、上階の住人が事務所として借りてくれた。その後もコーポラティブハウスの住人を招いて大宴会をするなど交流は途絶えず。庭に池があり、家の前の路地は近所の子ども達の遊び場。夕方「ご飯だよー」と台所から声をかける。隣家は吉本ばななさんの仕事場で、いつも夜遅くまで明かりが灯っていた。似た年齢の子どもがいるので、働きながら子育てをする厳しさが手にとるようにわかり、私など足元にも及ばない仕事の責任を背負いながら深夜まで頑張る彼女に心のなかでエールを送った。十数年後、その日々を綴った著書をさしあげたら「泣きました」と感想をくださった。

純日本家屋には、米軍払い下げのキャビネットやフランスのヴィンテージポスターなど意外に洋物の古道具がマッチ。和風だからと和家具だらけにすると民芸居酒屋風になると知る。茶の間・子ども部屋・夫婦の寝室・仕事部屋→息子が中学生になったのを機に、茶の間・息子の部屋・夫婦の寝室・娘スペースと私の仕事部屋を間仕切りを使って使用。

娘が小五になると母と同じ仕事部屋は無理が出てきたので同じ下北沢でもうひと部屋多い戸建てへ。4LDK。中学生の息子はガールフレンドを連れてきたり、高校になると友達を連れてきて寝袋で雑魚寝したり。小学生の娘は中学受験で、夜遅くバス停まで迎えに行く日々。テキストがぎっしり入ったバッグを背負いバスから降りる娘の顔には疲労の色がにじみ、胸が痛くなった。子どもはそれぞれ適性が違う。きょうだいが受験したからと、意思を明確に表せない年齢から受験を促したことへの自問自答が続く。高校生になったころ、娘もそれが辛かったと明かした。

息子大学一年、娘中学二年。さらにもうひと部屋多い調布市・仙川へ。家族に反対されたが、三面が隣家に囲まれている私道奥の環境から、空が見えるところでのびのび暮らしたくなった。仕事で家にいる時間がいちばん長い、私の願いを聞いてほしい、家賃も数万下がったうえに5LDKで、駅前のビルのペントハウスだからおもしろそうじゃないかと押し通した。

改札まで一分、駅前ロータリーの一角。ビルの最上階ワンフロアまるごと百二十平米。仕事部屋は二十畳近くある。各居室も広い。だが、わずか一年一カ月で七十五平米の下北沢コーポラティブハウスに舞い戻る。ある日の食卓で、家族全員別々の理由で下北沢にいたと、たまたまわかった。私は薄々気づいていたことを三人に問いかけた。

「しもきたに戻りたいの?」

全員がうなずいた。

「俺たちのホームタウンは下北沢。どんなに広くても駅に近くても、幼馴染みはここにいない。戻りたい」（息子）。

「私も学校に電車一本で通えるし戻りたい。お店も歩いてる人も、しもきたのほうが好き」（娘）。

「そもそもこの引っ越しは間違ってたんや。俺は仕事帰り、なんとなく家に帰りたくなくて、明大前で途中下車して蕎麦食ったりしてたことが何回もある」（夫）。

私のわがままに付き合わされるのは勘弁してくれと懇願された。もう私の意思で振り回せる年齢を子どもたちが追い越していたのだ。「ごめん、そうしよう」。

何年やっても、親業は毎日新米だ。十九歳と十五歳の母は初体験。二十歳と十六歳の母だって初体験。子どもの気持ちが見えているようでなにも見えていなかった自分が情けなかった。

いまでも、夫からよく言われる。

「あの仙川の一年は無駄やったな」

出費も痛い。私は言われるたび、きゅううとなって苦笑いするしかない。すると先日娘が言った。

「でも、あの一年がなかったら、どこに越してもまた駅に近いところに住んでみたいとか広いところに住みたいと思ったかもしれないよ？　私はあそこに行ったから、しもきたのよさがわかった。どんなことがあってももう絶対にこの街を離れたくないって」

母の愚かな失敗を照らすひと筋の光。もうほんとにごめんてば、とその場を茶化しつつ、少し救われた。


さて来月、住み慣れたコーポラティブハウスを手放す。いま私と夫の頭のなかにあるのは、〝ふたりの子が孫を連れて帰省したときにのびのびできる家〟だ。また小さな子の足音を叱る生活はしたくない。

子どもたちが幼いころザリガニ釣りやお花見をした公園前の家への転居は、今回全員一致で決まった。引っ越しはこりごりと言っていた夫が「あの家なら」といちばんのっている。娘はいまから自室の家具の配置をアイパッドで思案している。息子夫婦からは子どもが生まれたらそっちにも泊まっていいか、ゲストルームはどのくらいの広さか写真を見せてくれと質問攻めだ。

どちらかが高齢者施設に入るまで、これが最後の引っ越しだよと言ったら、「それ、前も聞いた」。私が読者でも、この住まい遍歴はばかだなあ、浅はかだなあとあきれる。

しかし、「しもきたに戻りたい」と仙川で訴えられたあのせつなさも含め、私はすべての転居に後悔がない。それぞれに忘れられない思い出があり「笑ったり泣いたり忙しかったけど、あれはあれでよかった」と振り返ることができる。家族で泊まり歩いた旅行のすべてを後悔していないように。予約を取り間違えて一日湿気臭いラブホテルに四人で泊まったり夫婦喧嘩をして泣きながら宿に帰ったりしたタイや、息子が腹痛で人気レストランの夕食を途中で切り上げたベトナム、娘が飴玉を鼻に詰めて大騒ぎになったフィリピンの自給自足の島、ぼったくりの絵を騙されて買ったバリ。どんなアクシデントもいい思い出になっている。

日々の暮らしはいろいろあれど、人生は振り返れば全部喜びに変換できる旅のようなものではないだろうか。

引っ越しがなければいまごろお金がザクザク貯まっていたろうが、旅と学費と住まいに使い果たして得たこの長い時間のゆたかさは、お金なんかと比べられないほどかけがえがない。

長々と、奇天烈な住まいクロニクルにお付き合いいただいた。お礼申し上げます。

かつて　子どもの成長と自分の仕事量に合わせ、そのときどきの理由で住まいを替えた。生来、住まいをリセットできる引っ越しが好き。

いま　お金は消えたが、そのときどきで楽しい思い出が作れたので後悔なし。だがさすがにこれを最後にしないと老後無一文に。

もうそんなに足さなくていいこと

　人生でいちばんおいしかったビールは、新婚の初夏。挙式後二週間くらいのことである。新入りの映画スタッフをしていた夫がロケのため新婚旅行にも行けず、パーティ翌日から共働きの平常生活に戻っていた。

　週末、ふたりで淡々と家の掃除や洗濯を終え、昼でも食べようかと近所を散策。彼が住んでいた家に転がり込んで半年。私にとってはあまり馴染みのない街で、〝夫婦〟として歩くのは、初めてに近かった。

　駅前のなんでもない中華屋の二階に、パブという看板が見えた。パブなのに、ランチもやっている。よし、入ろう。

　お客はほかに誰もいなくて、母ぐらいの年齢の女性がひとりでやっている。壁のポスターに『バンフ・スプリングス・ビール』と書いてある。どうもこの店のイチ推しらしい。

まだ正午を回ったところである。夫と顔を見合わせる。

「どうする？」

「暑いし、飲んでみよっか」

二十九歳。お互いにフリーランスになりたてで、仕事もふたり暮らしも始まったばかり。そんな駆け出しの身分の自分たちが、昼間からビールなんて飲んでいいのか？　なんとなくためらいがあった。咎める人などいるはずもなく、私は景気よく言った。

「いいじゃん。飲もう！　今日やることはやった。営業終了！」

やることといっても家事ぐらいだがなんだか気が大きくなり、その聞き慣れない名のビールを頼んだ。しゅんしゅんに冷えたビアグラスに注がれたそれは薄い飴色をしている。湖と山の尾根を背景にアップで写されたポスターよりずっとおいしそうだ。ひと口飲んだとき、喉越しというものの感触が生まれて初めてはっきりわかった。

「うっ、うまいっ」

どちらからともなく声が漏れる。喉がキュルキュルと鳴る。スッキリした喉越しの冷たいものが腹に落ちていく。

本当に、涙がでるほどおいしかった。

重くない、昼間にぴったりの夏のビールだ。フレッシュで、いまでいうクラフトビールのような個性的な味がした。聞くとカナダのもので、バンフスプリングスは、川、森、山に囲まれた彼《か》の国が誇る自然ゆたかなリゾート地らしい。女性店主の言葉から、見たこともないカナダの大自然、雪の冠が残る夏山、緑連なる爽やかな草原に思いを馳せた。

二杯ずつ飲んで、その日はぶらぶら古本屋や八百屋などをのぞいて歩き、午後はダラダラと過ごした。

以来何度か行ったものの、翌年私たちは郊外に越してしまい、気がついたときには店がなくなっていた。

あれが人生でいちばん旨いビールと断言できるのは、自分の裁量で昼間からビールを飲んでも誰からも咎められない、そういう大人になれたのだという実感と、予定のない日曜日に思いがけずおいしいビールに出会えた、たったそれだけのことでもふたりだと楽しいと思える、そんな駆け出し夫婦の喜びが加算されているからに違いない。

いつかバンフスプリングスに行きたいなあと憧れた。そんな淡い夢より優先する旅先がいくつもできて、行けずじまいで二十年余も経ってしまった。

いま、どんなに検索してもバンフスプリングスビールという単語が出てこない。あの昼下がりは幻だったのだろうか？　湖と雪山が描かれた瓶のラベルもこれほど鮮明に覚えているというのに。人生でいちばんおいしかったビールとして、古い記憶の向こうにいまもキンキンに冷えているのに。

やがて家族が四人になり、何度も引っ越し、ひとり欠け三人になり、その代わり東京の別の場所でよく笑う義娘とまだ見ぬお腹の子がひとり増え、人生がひと巡りした。二十数年前と同じ、ふたりきりに戻る日も近い。そしてどちらかひとりになる日もきっと……。

翻って私の毎日はどうだろう。食べログにも載っていない近所の小さな店の一角で、予定のない日曜日に不意においしいビールに出会うあんななんでもない、けれど一生忘れられない一杯に出会える余白をいま持ちあわせているだろうか。

出産の年に阪神・淡路大震災、そして東日本大震災、コロナ禍を経験し、今日と同じ明日が必ずあるとは限らないことを強烈な悲しみとともに学んだ。あたりまえがどれほど重く尊いか。どんな人間にも限りがあることを、身近な人の病気や死からも知っているはずなのに一日を、自分を大切にしているか。上手に休めているか。仕事量は。どこかで、もっともっとと思っていないか。

同じ時間でこなせる量と集中力の長さは明らかに変わった。あらゆる営みに、減速が必要な年齢になった。仕事だけでなく衣食住や人付き合いに、省いてはいけないことと、もうそんなに足さなくていいことの両方があるとわかってきた。それは誰かが言ったことではなくて、自分の生活から導かれたものさしでしか判断できない。

私は、もう少しだけ上手にゆるめたり許し合ったりしたい。そうしながらギアを落とすことで見える新しい景色もあるだろう。

東日本大震災のとき、夜、照明をぎりぎりまで落とした品川駅で世の中はこのくらいの暗さでいい、これ以上深夜まで煌々と照らさなくていいと思った。しかし、しばらくすると驚くような速さで、そんなことはなかったかのように世の中は夜も明るくなった。

コロナ禍できれいごとを言っていられないほど経済的な打撃を受け苦しんでいる人たち

がいるのはわかっている。それでも私は思う。もう少し明かりを落としてもいいのではないか。みんな、そんなに頑張らなくていいんじゃないか。前と全く同じに戻らなくていい——。私個人の暮らしも、社会も。


自分はこれからどんな生き方をしたいだろう。

人とのコミュニケーションが大幅に減らされたこの二年は、自分の内側とよく向き合った。

本書は、立ち止まって振り返った際に生まれたひとつの記録でもある。

失敗や行きつ戻りつを繰り返し、出産した子が父親になるくらいの時間を通してわかったのは、正しい暮らしなんてどこにもないということだ。

それは水のようにたゆたい、変化してゆく。肩の力を抜いて楽に、欲張らず、もう少しだけゆっくり生きよう。モノも友達もスケジュールも、もうそんなに足さなくていい。不意に出くわした一杯のビールに感謝できるくらいの心のやわらかさとゆとりを手に携えながら、軽い荷物で歩いていきたい。正しくも、きちんとしていなくても、人生は勝手に巡ってゆくので。

――かつて　信頼、評価、自己肯定。前進とは、なにかが大きくなったり増えたりすることだった。
――いま　前進は、自分を大事にしながら自分の心地よい速度で進むことである。

おわりに

　暮らしはシンプルな引き算ばかりでも味気ないものだよなあと、本書執筆を機にこの十年の気持ちの変化を振り返り始めた矢先、世界は突然ウイルスの霧に覆われた。禍を乗り越えるための「新しい日常」なるものを経験しながら、暮らし方や心のありようはさらに特別な速度で私のなかで変化していった。

「自分を養生する」という章は、編集者・吉田真美さんの発案で、当初は構成に入っていなかったものである。いまこのときでなかったら、柱として立てていたかどうかこころもとない。

　ところが書くほどにひしひしと胸に堪《こた》える気づきが多いのがこの章であった。自分を大事にするとは、いかに難しい営みか。誰もが頑張ることは素晴らしいと教わってきた。だからこの世の中は、頑張らないほうがずっと難しい。自分を守ったりいたわったりはあとまわしになるし、そうしたいとあまり堂々と言えないところがある。だからこそ、若くも熟練でもない四十代や五十代で少し歩みを止めて、もがく自分をいたわったり、いままで信じてきたものを前向きに疑ったり、ゆるめることが大事なのだ。

養生とは、「健康の増進に心がけること」「病気を治すように努めること」とともに、建築工事などで破損を防止する「手当て」の意味でも使われる。後先を考えず全力疾走してきたときを経て、いま自分の心や体を手当てすることにも気を配ったら、自分の破損の防止になる。養生はコロナなどに関係なく、この本に必要な柱のひとつだったのだ。

本書の題名『ただしい暮らし、なんてなかった。』はぎりぎりまでずいぶん悩んだ。絶対受け入れられないのでは。絶対強すぎるのではと。

しかし、私は私の絶対を脱ぎ捨てることにした。いくつであろうと毎日は新しい。絶対似合わないだろうと思っていた眉上二センチで前髪をぱっつんと切る髪型も、中学生以来何十年ぶりにやってみたら、メイクもファッションもガラッと変わって楽しかった。ありのままの自分を前に出そうと、素直で前向きな気持ちにもなれた。だから、これからも自分の「絶対」をやわらかく疑っていこう。いまは素直に、たくさんの失敗と歳月を経ることで得た気づきをこういうかたちでお届けできることと、読んでくださったあなたに感謝をしている。

本書は、執筆前に抽象的なコンセプトをいちはやくデザインというかたちで具体的に表現してくださった、デザイナー佐々木暁さんのアイデアに大きく助けられた。育休をとるぎりぎりまで構成を練ってくださった平凡社の吉田さん、的確な指示で一本のぶれない道筋を築いてくださった同社・野崎真鳥さん、文中親友Aこと撮影の安部まゆみさん、そして二〇一一年の拙著『もう、ビニール傘を買わない。』（平凡社）の企画編集者の佐藤暁子さん。今回も「十年を経て、いま書けるその後のビニール傘とは?」という彼女のひと言から始まった。ありがとうございました。

これからの新しい日々には、病気や介護や別れもきっと待っていて、愉快なことばかりではなかろうが、養生しながら自分と折り合っていいたい。

ふつうのありがたさが身にしみたこの二年が、私を少し強くしている。

二〇二一年　大平一枝

初出一覧

一章

・点滅する信号が教えてくれたこと――『あ、それ忘れてました（汗）』（北欧、暮らしの道具店）七十三話
・眠れても眠れなくても――『あ、それ忘れてました（汗）』（北欧、暮らしの道具店）八十一話
・出掛けに探すネックレス――『あ、それ忘れてました（汗）』（北欧、暮らしの道具店）四十八話
・唐揚げをとびきりおいしくするコツ――『あ、それ忘れてました（汗）』（北欧、暮らしの道具店）六十六話
・二〇二一年四月一日の夕餉――『コロナ・ノート』２０２０年５月６日（朝日新聞デジタルマガジン＆w）

二章

・「きのうの私」に今日の気分を決められたくないのだ――『あ、それ忘れてました（汗）』（北欧、暮らしの道具店）九十二話
・台所の〝真っ白〟――『あ、それ忘れてました（汗）』（北欧、暮らしの道具店）八十八話
・器は思い出の倉庫――『フラワーデザインライフ』２０２１年５月号（株式会社マミ）「輝く落とし物」

・二十六年目の日本手ぬぐい――『フラワーデザインライフ』２０１９年1月号（株式会社マミ）「輝く落とし物」

三　章

・自分らしく生きるのはけっこう覚悟がいる――『あ、それ忘れてました（汗）』（北欧、暮らしの道具店）六十二話
・どうしても合わない人に――『あ、それ忘れてました（汗）』（北欧、暮らしの道具店）九十一話
・母へ、二十余年ぶりの告白――『かぞくのじかん』vol.52（婦人之友社）「子育て悩み中」
・愛情は巡り、上書き更新できる――『かぞく日和 from 土屋鞄』＃4（土屋鞄製造所）「家族とわたし」
・悔い残る忘れ物――『かぞくのじかん』vol.55（婦人之友社）「子育て悩み中」
・ミスを許す粋な言葉――『あ、それ忘れてました（汗）』（北欧、暮らしの道具店）七十話
・たたきつけた人参――『かぞくのじかん』vol.51（婦人之友社）「子育て悩み中」
・きゅうりのような人――『あ、それ忘れてました（汗）』（北欧、暮らしの道具店）四十一話
・見事なギフト――『フラワーデザインライフ』２０１9年12月号（株式会社マミ）「輝く落とし物」
・傲りと許容量――『フラワーデザインライフ』２０１9年4月号（株式会社マミ）「輝く落とし物」

四　章

・前髪を二センチ切って見えた世界――『あ、それ忘れてました（汗）』（北欧、暮らしの道具店）十六話

五章

・魔法の灯り――『INAX LIFE』VOLUME 01（株式会社ＬＩＸＩＬ）
・七十二個の目標シート――『あ、それ忘れてました（汗）』（北欧、暮らしの道具店）七十九話
・ルーズな自分対応策――『あ、それ忘れてました（汗）』（北欧、暮らしの道具店）六十三話
・はじまりの味――『あ、それ忘れてました（汗）』（北欧、暮らしの道具店）五十一話
・やる気だけで乗り越えられないと知った日――『はたわらワイド』２０２０年４月８日（パーソルホールディングス）「〝うまくいかなかった〟あの日のこと。」
・人生で省いてはいけないこと――『ＮＨＫテキスト 趣味どきっ！』２０２１年８・９月号（ＮＨＫ出版）「台所が紡ぐ物語」
・もうそんなに足さなくていいこと――『あ、それ忘れてました（汗）』（北欧、暮らしの道具店）二十話

＊本書は、右記のエッセイに大幅な加筆・修正を施し、書き下ろしを加えて書籍化したものです。
また、初出時から改題したものがあります。

大平一枝

おおだいら・かずえ

作家、エッセイスト。長野県生まれ。大量生産、大量消費の社会からこぼれ落ちるもの・こと・価値観をテーマに各誌紙に執筆。著書に『東京の台所』『男と女の台所』『もう、ビニール傘は買わない。』（平凡社）、『届かなかった手紙』（角川書店）、『あの人の宝物』（誠文堂新光社）、『新米母は各駅停車でだんだん本物の母になっていく』（大和書房）ほか。「東京の台所2」（朝日新聞デジタルマガジン＆w）、金曜エッセイ「あ、それ忘れてました（汗）」（北欧、暮らしの道具店）、「令和・かぞくの肖像」（OIL MAGAZINE）など連載多数。

・Twitter @kazueoodaira

・Instagram @oodaira1027

ただしい暮らし、なんてなかった。

◎著者＝大平一枝　◎発行者＝下中美都　◎発行所＝株式会社平凡社　〒101・0051　東京都千代田区神田神保町3ノ29　☎＝03・3230・6593（編集）　03・3230・6573（営業）　振替＝00180・0・29639　https://www.heibonsha.co.jp/　◎印刷＝株式会社東京印書館　◎製本＝大口製本印刷株式会社　　◎ISBN 978-4-582-83884-8　C0095　◎NDC分類番号914・6　◎B6変型判（17・8㎝）　◎総ページ240　◎落丁・乱丁本のお取り替えは小社読者サービス係までお送りください（送料は小社で負担します）。

2021年12月1日　初版第1刷発行